国家出版基金项目
NATIONAL PUBLICATION FOUNDATION
重庆市出版专项资金资助

大足石刻全集

第四卷

北山多宝塔考古报告

下册

大足石刻研究院　编

黎方银　主编

DAZU SHIKE
QUANJI

重庆出版集团　重庆出版社

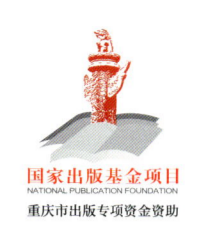

THE DAZU ROCK CARVINGS

Vol. Ⅳ

DUOBAO PAGODA, BEISHAN

Part Two

EDITED BY
ACADEMY OF DAZU ROCK CARVINGS

EDITOR IN CHIEF
LI FANGYIN

重庆出版集团 重庆出版社

总 策 划 郭　宜　黎方银

《大足石刻全集》学术委员会

主　　任 丁明夷

委　　员 丁明夷　马世长　王川平　宁　强　孙　华　杨　泓　李志荣　李崇峰　李裕群　李静杰　陈明光　陈悦新　杭　侃　姚崇新　郭相颖　雷玉华　霍　巍（以姓氏笔画为序）

《大足石刻全集》编辑委员会

主　　任 王怀龙　黎方银

副 主 任 郭　宜　谢晓鹏　刘贤高　郑文武

委　　员 王怀龙　毛世福　邓启兵　刘贤高　米德昉　李小强　周　颖　郑文武　郭　宜　黄能迁　谢晓鹏　黎方银（以姓氏笔画为序）

主　　编 黎方银

副 主 编 刘贤高　邓启兵　黄能迁　谢晓鹏　郑文武

《大足石刻全集》第四卷编纂工作团队

调查记录 黄能迁　邓启兵　刘贤高　赵凌飞　陈　静　郭　静

现场测绘 周　颖　毛世福　黄能迁　邓启兵　刘贤高　张　强　吕　品　陈　杰　潘春香　余倩倩

绘　　图 周　颖　毛世福　陈　杰　潘春香　余倩倩

图版拍摄 郑文武（主机）　周　瑜　郭　宜　吕文成　王　远　张　勖　张　跃

拓　　片 唐长清　唐毅烈

铭文整理 赵凌飞

资料整理 赵凌飞　张媛媛　未小妹　李朝元

英文翻译 姚淇琳

英文审定 Tom Suchan　唐仲明

报告编写 黎方银　邓启兵　黄能迁

统　　稿 黎方银

审　　定 丁明夷　李志荣

《大足石刻全集》第四卷编辑工作团队

工作统筹 郭　宜　郑文武

三　　审 邱振邦　曾海龙　王怀龙

编　　辑 郑文武　吴芝宇　周　瑜　吕文成　王　远

印前审读 曾祥志

图片制作 郑文武　周　瑜　吕文成　王　远

装帧设计 胡靳一　郑文武

排　　版 何　璐　黄　淦

校　　色 宋晓东　郑文武

校　　对 唐联文　廖应碧　唐云沄　何建云　刘　艳

总目录

第一卷　北山佛湾石窟第1—100号考古报告

第二卷　北山佛湾石窟第101—192号考古报告

第三卷　北山佛湾石窟第193—290号考古报告

第四卷　北山多宝塔考古报告

第五卷　石篆山、石门山、南山石窟考古报告

第六卷　宝顶山大佛湾石窟第1—14号考古报告

第七卷　宝顶山大佛湾石窟第15—32号考古报告

第八卷　宝顶山小佛湾及周边石窟考古报告

第九卷　大足石刻专论

第十卷　大足石刻历史图版

第十一卷　附录及索引

GENERAL CATALOGUE

Vol. Ⅰ FOWAN (NOS. 1–100), BEISHAN

Vol. Ⅱ FOWAN (NOS. 101–192), BEISHAN

Vol. Ⅲ FOWAN (NOS. 193–290), BEISHAN

Vol. Ⅳ DUOBAO PAGODA, BEISHAN

Vol. Ⅴ SHIZHUANSHAN, SHIMENSHAN AND NANSHAN

Vol. Ⅵ DAFOWAN (NOS. 1–14), BAODINGSHAN

Vol. Ⅶ DAFOWAN (NOS. 15–32), BAODINGSHAN

Vol. Ⅷ XIAOFOWAN AND SURROUNDING CARVINGS, BAODINGSHAN

Vol. Ⅸ COLLECTED RESEARCH PAPERS ON THE DAZU ROCK CARVINGS

Vol. Ⅹ EARLY PHOTOGRAPHS OF THE DAZU ROCK CARVINGS

Vol. Ⅺ APPENDIX AND INDEX

目　录

Ⅰ　摄影图版

图版 1　多宝塔卫星图 …… 2
图版 2　多宝塔航拍图 …… 3
图版 3　多宝塔远景 …… 4
图版 4　多宝塔与北山佛湾 …… 5
图版 5　多宝塔与北塔寺 …… 5
图版 6　多宝塔及二佛 …… 6
图版 7　二佛与古墓群 …… 7
图版 8　多宝塔近景 …… 8
图版 9　多宝塔西北面塔基右侧角力士像 …… 9
图版 10　多宝塔北面塔基右侧角力士像 …… 10
图版 11　多宝塔东北面塔基右侧角力士像 …… 11
图版 12　多宝塔第一级塔身南壁 …… 12
图版 13　多宝塔第一级塔身西南壁 …… 12
图版 14　多宝塔第一级塔身西壁 …… 13
图版 15　多宝塔第一级塔身西北壁 …… 13
图版 16　多宝塔第一级塔身北壁 …… 14
图版 17　多宝塔第一级塔身东北壁 …… 14
图版 18　多宝塔第一级塔身东壁 …… 15
图版 19　多宝塔第一级塔身东南壁 …… 15
图版 20　多宝塔第一级塔身南面与西南面相交处倚柱 …… 16
图版 21　多宝塔第一级塔身西南面与西面相交处倚柱 …… 17
图版 22　多宝塔第一级塔身西面与西北面相交处倚柱 …… 18
图版 23　多宝塔第一级塔身西北面与北面相交处倚柱 …… 19
图版 24　多宝塔第一级塔身北面与东北面相交处倚柱 …… 20
图版 25　多宝塔第一级塔身东北面与东面相交处倚柱 …… 21
图版 26　多宝塔第一级塔身东面与东南面相交处倚柱 …… 22
图版 27　多宝塔第一级塔身东南面与南面相交处倚柱 …… 23
图版 28　多宝塔第一重南面塔檐 …… 24
图版 29　多宝塔第一重塔檐下部转角铺作 …… 24
图版 30　多宝塔塔门洞券顶造像 …… 25
图版 31　多宝塔第一级塔身南壁左上方框 …… 26
图版 32　多宝塔第一级塔身南壁左下方框 …… 26
图版 33　多宝塔第一级塔身南壁右上方框 …… 27
图版 34　多宝塔第一级塔身南壁右下方框 …… 27
图版 35　多宝塔第一级塔身西南壁左起第一方框 …… 28
图版 36　多宝塔第一级塔身西南壁左起第二方框 …… 28
图版 37　多宝塔第一级塔身西南壁左起第三方框 …… 29
图版 38　多宝塔第一级塔身西南壁左起第四方框 …… 29
图版 39　多宝塔第一级塔身西壁左方框 …… 30
图版 40　多宝塔第一级塔身西壁右方框 …… 30
图版 41　多宝塔第一级塔身西北壁左起第一方框 …… 31
图版 42　多宝塔第一级塔身西北壁左起第二方框 …… 31
图版 43　多宝塔第一级塔身西北壁左起第三方框 …… 32
图版 44　多宝塔第一级塔身西北壁左起第四方框 …… 32
图版 45　多宝塔第一级塔身北壁左方框 …… 33
图版 46　多宝塔第一级塔身北壁右方框 …… 34
图版 47　多宝塔第一级塔身东北壁左起第一方框 …… 35
图版 48　多宝塔第一级塔身东北壁左起第二方框 …… 35
图版 49　多宝塔第一级塔身东北壁左起第三方框 …… 36
图版 50　多宝塔第一级塔身东北壁左起第四方框 …… 36
图版 51　多宝塔第一级塔身东壁左方框 …… 37
图版 52　多宝塔第一级塔身东壁右方框 …… 37
图版 53　多宝塔第一级塔身东南壁左起第一方框 …… 38
图版 54　多宝塔第一级塔身东南壁左起第二方框 …… 38
图版 55　多宝塔第一级塔身东南壁左起第三方框 …… 39
图版 56　多宝塔第一级塔身东南壁左起第四方框 …… 39
图版 57　多宝塔第二级塔身南壁 …… 40
图版 58　多宝塔第二级塔身西南壁 …… 40
图版 59　多宝塔第二重南面塔檐 …… 41
图版 60　多宝塔第二重塔檐下部转角结构 …… 41
图版 61　多宝塔第三级塔身南壁 …… 42
图版 62　多宝塔第三级塔身西南壁 …… 42
图版 63　多宝塔第三级塔身西壁 …… 43
图版 64　多宝塔第三级塔身西北壁 …… 43
图版 65　多宝塔第三级塔身北壁 …… 44
图版 66　多宝塔第三级塔身东北壁 …… 44
图版 67　多宝塔第三级塔身东壁 …… 45
图版 68　多宝塔第三级塔身东南壁 …… 45
图版 69　多宝塔第三重南面塔檐 …… 46
图版 70　多宝塔第三重塔檐下部转角铺作 …… 46
图版 71　多宝塔第四级塔身南壁 …… 47
图版 72　多宝塔第四级塔身西南壁 …… 47
图版 73　多宝塔第四重南面塔檐 …… 48
图版 74　多宝塔第四重塔檐下部转角结构 …… 48
图版 75　多宝塔第五级塔身南壁 …… 49
图版 76　多宝塔第五级塔身西南壁 …… 49
图版 77　多宝塔第五级塔身西壁 …… 50
图版 78　多宝塔第五级塔身西北壁 …… 50
图版 79　多宝塔第五级塔身北壁 …… 51
图版 80　多宝塔第五级塔身东北壁 …… 51
图版 81　多宝塔第五级塔身东壁 …… 52
图版 82　多宝塔第五级塔身东南壁 …… 52

图版 83　多宝塔第五重南面塔檐 …… 53
图版 84　多宝塔第五重塔檐下部转角铺作 …… 53
图版 85　多宝塔第六级塔身南壁 …… 54
图版 86　多宝塔第六级塔身西南壁 …… 54
图版 87　多宝塔第六重南面塔檐 …… 55
图版 88　多宝塔第六重塔檐下部转角结构 …… 55
图版 89　多宝塔第七级塔身南壁 …… 56
图版 90　多宝塔第七级塔身西南壁 …… 56
图版 91　多宝塔第七级塔身西壁 …… 57
图版 92　多宝塔第七级塔身西北壁 …… 57
图版 93　多宝塔第七级塔身北壁 …… 58
图版 94　多宝塔第七级塔身东北壁 …… 58
图版 95　多宝塔第七级塔身东壁 …… 59
图版 96　多宝塔第七级塔身东南壁 …… 59
图版 97　多宝塔第七重南面塔檐 …… 60
图版 98　多宝塔第七重塔檐下部转角铺作 …… 60
图版 99　多宝塔第八级塔身南壁 …… 61
图版 100　多宝塔第八级塔身西南壁 …… 61
图版 101　多宝塔第八重南面塔檐 …… 62
图版 102　多宝塔第八重塔檐下部转角结构 …… 62
图版 103　多宝塔第九级塔身南壁 …… 63
图版 104　多宝塔第九级塔身西南壁 …… 63
图版 105　多宝塔第九级塔身西壁 …… 64
图版 106　多宝塔第九级塔身西北壁 …… 64
图版 107　多宝塔第九级塔身北壁 …… 65
图版 108　多宝塔第九级塔身东北壁 …… 65
图版 109　多宝塔第九级塔身东壁 …… 66
图版 110　多宝塔第九级塔身东南壁 …… 66
图版 111　多宝塔第九重南面塔檐 …… 67
图版 112　多宝塔第九重塔檐下部转角铺作 …… 67
图版 113　多宝塔第十级塔身南壁 …… 68
图版 114　多宝塔第十级塔身西南壁 …… 68
图版 115　多宝塔第十重南面塔檐 …… 69
图版 116　多宝塔第十重塔檐下部转角结构 …… 69
图版 117　多宝塔第十一级塔身南壁 …… 70
图版 118　多宝塔第十一级塔身西南壁 …… 70
图版 119　多宝塔第十一级塔身西北壁 …… 71
图版 120　多宝塔第十一级塔身东北壁 …… 71
图版 121　多宝塔第十一级塔身东南壁 …… 72
图版 122　多宝塔第十一重南面塔檐 …… 73
图版 123　多宝塔第十一重塔檐下部转角铺作 …… 73
图版 124　多宝塔第十二级塔身西南壁 …… 74
图版 125　多宝塔第十二级塔身西壁 …… 74
图版 126　多宝塔第十二级塔身东北壁 …… 75
图版 127　多宝塔第十二级塔身东壁 …… 75
图版 128　多宝塔第十二重南面塔檐 …… 76
图版 129　多宝塔第十二重塔檐下部转角结构 …… 76
图版 130　多宝塔塔刹 …… 77
图版 131　多宝塔内第二层回廊券顶 …… 78
图版 132　多宝塔内第二层与第三层回廊间梯道 …… 79
图版 133　多宝塔内第三层与第四层回廊间梯道 …… 80
图版 134　多宝塔内第四层与第五层回廊间梯道 …… 81
图版 135　多宝塔内第三层回廊的覆斗顶 …… 82
图版 136　多宝塔内第四层回廊梯道入口处的覆斗顶 …… 82
图版 137　多宝塔内第七层回廊梯道出口处的覆斗顶 …… 83
图版 138　多宝塔内第七层回廊梯道入口处的覆斗顶 …… 83
图版 139　第 1、2 号窟外立面 …… 84
图版 140　第 1、2 号窟窟顶 …… 85
图版 141　第 1、2 号窟正壁 …… 86
图版 142　第 1、2 号窟左壁 …… 87
图版 143　第 1、2 号窟右壁 …… 88
图版 144　第 3 号龛外立面 …… 89
图版 145　第 4 号龛外立面 …… 90
图版 146　第 5 号龛外立面 …… 91
图版 147　第 6 号龛外立面 …… 92
图版 148　第 7 号窟外立面 …… 93
图版 149　第 7 号窟窟顶 …… 94
图版 150　第 7 号窟正壁 …… 95
图版 151　第 8 号龛外立面 …… 96
图版 152　第 9 号龛外立面 …… 97
图版 153　第 10 号龛外立面 …… 98
图版 154　第 11 号龛外立面 …… 99
图版 155　第 12 号窟外立面 …… 100
图版 156　第 12 号窟窟顶 …… 101
图版 157　第 12 号窟正壁 …… 102
图版 158　第 13 号龛外立面 …… 103
图版 159　第 14 号龛外立面 …… 104
图版 160　第 15 号窟外立面 …… 105
图版 161　第 15 号窟窟顶 …… 106
图版 162　第 15 号窟正壁 …… 107
图版 163　第 16 号龛外立面 …… 108
图版 164　第 17 号龛外立面 …… 109
图版 165　第 18 号龛外立面 …… 110
图版 166　第 19 号龛外立面 …… 111
图版 167　第 20 号龛外立面 …… 112
图版 168　第 21 号龛外立面 …… 113
图版 169　第 22 号龛外立面 …… 114
图版 170　第 23 号窟外立面 …… 115
图版 171　第 23 号窟窟顶 …… 116
图版 172　第 23 号窟正壁 …… 117

图版 173　第 24 号龛外立面 ……………………………………… 118
图版 174　第 25 号龛外立面 ……………………………………… 119
图版 175　第 26 号龛外立面 ……………………………………… 120
图版 176　第 27 号龛外立面 ……………………………………… 121
图版 177　第 28 号窟外立面 ……………………………………… 122
图版 178　第 28 号窟窟顶 ………………………………………… 123
图版 179　第 28 号窟正壁 ………………………………………… 124
图版 180　第 29 号龛外立面 ……………………………………… 125
图版 181　第 30 号龛外立面 ……………………………………… 126
图版 182　第 31 号龛外立面 ……………………………………… 127
图版 183　第 32 号龛外立面 ……………………………………… 128
图版 184　第 33 号窟外立面 ……………………………………… 129
图版 185　第 33 号窟窟顶 ………………………………………… 130
图版 186　第 33 号窟正壁 ………………………………………… 131
图版 187　第 34 号龛外立面 ……………………………………… 132
图版 188　第 35 号龛外立面 ……………………………………… 133
图版 189　第 36 号窟外立面 ……………………………………… 134
图版 190　第 36 号窟窟顶 ………………………………………… 135
图版 191　第 36 号窟正壁 ………………………………………… 136
图版 192　第 36 号窟左壁 ………………………………………… 137
图版 193　第 36 号窟右壁 ………………………………………… 138
图版 194　第 37 号龛外立面 ……………………………………… 139
图版 195　第 38 号龛外立面 ……………………………………… 140
图版 196　第 39 号窟外立面 ……………………………………… 141
图版 197　第 39 号窟窟顶 ………………………………………… 142
图版 198　第 39 号窟正壁 ………………………………………… 143
图版 199　第 39 号窟左壁 ………………………………………… 144
图版 200　第 39 号窟右壁 ………………………………………… 145
图版 201　第 40 号龛外立面 ……………………………………… 146
图版 202　第 41 号龛外立面 ……………………………………… 147
图版 203　第 42 号龛外立面 ……………………………………… 148
图版 204　第 43 号窟外立面 ……………………………………… 149
图版 205　第 43 号窟窟顶 ………………………………………… 150
图版 206　第 43 号窟正壁 ………………………………………… 151
图版 207　第 44 号龛外立面 ……………………………………… 152
图版 208　第 45 号龛外立面 ……………………………………… 153
图版 209　第 46 号龛外立面 ……………………………………… 154
图版 210　第 47 号窟外立面 ……………………………………… 155
图版 211　第 47 号窟窟顶 ………………………………………… 156
图版 212　第 47 号窟正壁 ………………………………………… 157
图版 213　第 47 号窟左壁 ………………………………………… 158
图版 214　第 47 号窟右壁 ………………………………………… 159
图版 215　第 48 号龛外立面 ……………………………………… 160
图版 216　第 49 号龛外立面 ……………………………………… 161
图版 217　第 50 号窟外立面 ……………………………………… 162
图版 218　第 50 号窟窟顶 ………………………………………… 163
图版 219　第 50 号窟正壁 ………………………………………… 164
图版 220　第 50 号窟左壁 ………………………………………… 165
图版 221　第 50 号窟右壁 ………………………………………… 166
图版 222　第 51 号龛外立面 ……………………………………… 167
图版 223　第 52 号窟外立面 ……………………………………… 168
图版 224　第 52 号窟窟顶 ………………………………………… 169
图版 225　第 52 号窟正壁 ………………………………………… 170
图版 226　第 53 号龛外立面 ……………………………………… 171
图版 227　第 54 号窟外立面 ……………………………………… 172
图版 228　第 54 号窟窟顶 ………………………………………… 173
图版 229　第 54 号窟正壁 ………………………………………… 174
图版 230　第 55 号龛外立面 ……………………………………… 175
图版 231　第 56 号龛外立面 ……………………………………… 176
图版 232　第 57 号窟外立面 ……………………………………… 177
图版 233　第 57 号窟窟顶 ………………………………………… 178
图版 234　第 57 号窟正壁 ………………………………………… 179
图版 235　第 57 号窟左壁 ………………………………………… 180
图版 236　第 57 号窟右壁 ………………………………………… 181
图版 237　第 58 号龛外立面 ……………………………………… 182
图版 238　第 59 号龛外立面 ……………………………………… 183
图版 239　第 60 号窟外立面 ……………………………………… 184
图版 240　第 60 号窟窟顶 ………………………………………… 185
图版 241　第 60 号窟正壁 ………………………………………… 186
图版 242　第 60 号窟左壁 ………………………………………… 187
图版 243　第 60 号窟右壁 ………………………………………… 188
图版 244　第 61 号龛外立面 ……………………………………… 189
图版 245　第 62 号窟外立面 ……………………………………… 190
图版 246　第 62 号窟窟顶 ………………………………………… 191
图版 247　第 62 号窟正壁 ………………………………………… 192
图版 248　第 63 号龛外立面 ……………………………………… 193
图版 249　第 64 号窟外立面 ……………………………………… 194
图版 250　第 64 号窟窟顶 ………………………………………… 195
图版 251　第 64 号窟正壁 ………………………………………… 196
图版 252　第 64 号窟左壁 ………………………………………… 197
图版 253　第 64 号窟右壁 ………………………………………… 198
图版 254　第 65 号龛外立面 ……………………………………… 199
图版 255　第 66 号龛外立面 ……………………………………… 200
图版 256　第 67 号窟外立面 ……………………………………… 201
图版 257　第 67 号窟窟顶 ………………………………………… 202
图版 258　第 67 号窟正壁 ………………………………………… 203
图版 259　第 68 号龛外立面 ……………………………………… 204
图版 260　第 69 号窟外立面 ……………………………………… 205
图版 261　第 69 号窟窟顶 ………………………………………… 206
图版 262　第 69 号窟正壁 ………………………………………… 207

图版 263　第 70 号窟外立面 ……………………………………………208
图版 264　第 70 号窟窟顶 ………………………………………………209
图版 265　第 70 号窟正壁 ………………………………………………210
图版 266　第 71 号龛外立面 ……………………………………………211
图版 267　第 71-1 号龛外立面 …………………………………………211
图版 268　第 72 号窟外立面 ……………………………………………212
图版 269　第 72 号窟窟顶 ………………………………………………213
图版 270　第 72 号窟正壁 ………………………………………………214
图版 271　第 73 号龛外立面 ……………………………………………215
图版 272　第 73-1 号龛外立面 …………………………………………215
图版 273　第 74 号窟外立面 ……………………………………………216
图版 274　第 74 号窟窟顶 ………………………………………………217
图版 275　第 74 号窟正壁 ………………………………………………218
图版 276　第 75 号龛外立面 ……………………………………………219
图版 277　第 76 号龛外立面 ……………………………………………220
图版 278　第 77 号窟外立面 ……………………………………………221
图版 279　第 77 号窟窟顶 ………………………………………………222
图版 280　第 77 号窟正壁 ………………………………………………223
图版 281　第 78 号龛外立面 ……………………………………………224
图版 282　第 79 号龛外立面 ……………………………………………224
图版 283　第 80 号龛外立面 ……………………………………………225
图版 284　第 80-1 号龛外立面 …………………………………………225
图版 285　第 80-2 号窟外立面 …………………………………………226
图版 286　第 80-2 号窟窟顶 ……………………………………………227
图版 287　第 81 号龛外立面 ……………………………………………228
图版 288　第 82 号窟外立面 ……………………………………………229
图版 289　第 83 号窟外立面 ……………………………………………230
图版 290　第 84 号窟外立面 ……………………………………………231
图版 291　第 86 号龛外立面 ……………………………………………232
图版 292　第 87 号龛外立面 ……………………………………………233
图版 293　第 88 号龛外立面 ……………………………………………234
图版 294　第 89 号窟外立面 ……………………………………………235
图版 295　第 89 号窟窟顶 ………………………………………………236
图版 296　第 89 号窟正壁 ………………………………………………237
图版 297　第 90 号龛外立面 ……………………………………………238
图版 298　第 91 号窟外立面 ……………………………………………239
图版 299　第 91 号窟窟顶 ………………………………………………240
图版 300　第 91 号窟正壁 ………………………………………………241
图版 301　第 92 号龛外立面 ……………………………………………242
图版 302　第 93 号窟外立面 ……………………………………………243
图版 303　第 93 号窟窟顶 ………………………………………………244
图版 304　第 94 号龛外立面 ……………………………………………245
图版 305　第 95 号窟外立面 ……………………………………………246
图版 306　第 95 号窟窟顶 ………………………………………………247
图版 307　第 95 号窟正壁 ………………………………………………248
图版 308　第 96 号龛外立面 ……………………………………………249
图版 309　第 97 号窟外立面 ……………………………………………250
图版 310　第 97 号窟窟顶 ………………………………………………251
图版 311　第 97 号窟正壁 ………………………………………………252
图版 312　第 98 号龛外立面 ……………………………………………253
图版 313　第 99 号窟外立面 ……………………………………………254
图版 314　第 99 号窟窟顶 ………………………………………………255
图版 315　第 99 号窟正壁 ………………………………………………256
图版 316　第 100 号龛外立面 …………………………………………257
图版 317　第 101 号窟外立面 …………………………………………258
图版 318　第 101 号窟窟顶 ……………………………………………259
图版 319　第 101 号窟正壁 ……………………………………………260
图版 320　第 102 号龛外立面 …………………………………………261
图版 321　第 103 号窟外立面 …………………………………………262
图版 322　第 103 号窟窟顶 ……………………………………………263
图版 323　第 103 号窟正壁 ……………………………………………264
图版 324　第 104 号龛外立面 …………………………………………265
图版 325　第 105 号窟外立面 …………………………………………266
图版 326　第 105 号窟窟顶 ……………………………………………267
图版 327　第 105 号窟正壁 ……………………………………………268
图版 328　第 106 号龛外立面 …………………………………………269
图版 329　第 107 号窟外立面 …………………………………………270
图版 330　第 107 号窟窟顶 ……………………………………………271
图版 331　第 107 号窟正壁 ……………………………………………272
图版 332　第 107 号窟左壁 ……………………………………………273
图版 333　第 107 号窟右壁 ……………………………………………274
图版 334　第 108 号龛外立面 …………………………………………275
图版 335　第 109 号窟外立面 …………………………………………276
图版 336　第 109 号窟窟顶 ……………………………………………277
图版 337　第 109 号窟正壁 ……………………………………………278
图版 338　第 110 号龛外立面 …………………………………………279
图版 339　第 111 号窟外立面 …………………………………………280
图版 340　第 111 号窟窟顶 ……………………………………………281
图版 341　第 111 号窟正壁 ……………………………………………282
图版 342　第 111 号窟左壁 ……………………………………………283
图版 343　第 111 号窟右壁 ……………………………………………284
图版 344　第 112 号龛外立面 …………………………………………285
图版 345　第 113 号窟外立面 …………………………………………286
图版 346　第 113 号窟窟顶 ……………………………………………287
图版 347　第 113 号窟正壁 ……………………………………………288
图版 348　第 114 号龛外立面 …………………………………………289
图版 349　第 115 号龛外立面 …………………………………………290
图版 350　第 116 号窟外立面 …………………………………………291
图版 351　第 116 号窟窟顶 ……………………………………………292
图版 352　第 116 号窟正壁 ……………………………………………293

图版 353　第 117 号龛外立面 ……………………………………294
图版 354　第 118 号龛外立面 ……………………………………295
图版 355　第 119 号窟外立面 ……………………………………296
图版 356　第 119 号窟窟顶 ………………………………………297
图版 357　第 119 号窟正壁 ………………………………………298
图版 358　第 120 号龛外立面 ……………………………………299
图版 359　第 121 号龛外立面 ……………………………………300
图版 360　第 122 号窟外立面 ……………………………………301
图版 361　第 122 号窟窟顶 ………………………………………302
图版 362　第 122 号窟正壁 ………………………………………303
图版 363　第 123 号龛外立面 ……………………………………304
图版 364　第 124 号龛外立面 ……………………………………305
图版 365　第 125 号龛外立面 ……………………………………306
图版 366　第 126 号窟外立面 ……………………………………307
图版 367　第 126 号窟窟顶 ………………………………………308
图版 368　第 126 号窟正壁 ………………………………………309
图版 369　第 127 号龛外立面 ……………………………………310
图版 370　第 128 号窟外立面 ……………………………………311
图版 371　第 128 号窟窟顶 ………………………………………312
图版 372　第 128 号窟正壁 ………………………………………313
图版 373　第 129 号龛外立面 ……………………………………314
图版 374　第 130 号窟外立面 ……………………………………315
图版 375　第 130 号窟窟顶 ………………………………………316
图版 376　第 130 号窟正壁 ………………………………………317
图版 377　第 131 号龛外立面 ……………………………………318
图版 378　二佛窟外立面 …………………………………………319
图版 379　北塔寺遗址局部 ………………………………………320
图版 380　北塔寺山门 ……………………………………………321
图版 381　北塔寺前殿台基左侧 …………………………………322
图版 382　北塔寺前殿台基右侧 …………………………………322
图版 383　北塔寺前殿 ……………………………………………324
图版 384　北塔寺后殿 ……………………………………………325
图版 385　北塔寺遗址后殿明间正脊第一则墨书 ………………326
图版 386　北塔寺遗址后殿明间正脊第二则墨书 ………………327
图版 387　北塔寺前殿中佛像 ……………………………………328
图版 388　北塔寺前殿左佛像 ……………………………………329
图版 389　北塔寺前殿右佛像 ……………………………………330
图版 390　北塔坡经幢龛外立面 …………………………………331
图版 391　五佛殿外立面 …………………………………………332
图版 392　五佛殿正壁 ……………………………………………333
图版 393　五佛殿左侧壁 …………………………………………334
图版 394　五佛殿右侧壁 …………………………………………335
图版 395　一碗水观音龛外立面 …………………………………336
图版 396　北塔坡“海棠香国”题刻 ……………………………337
图版 397　北塔坡东南坡地宋墓墓室局部 ………………………338
图版 398　北塔坡明墓群 …………………………………………339
图版 399　北塔坡东南角坡地上方清墓 …………………………340
图版 400　北塔坡东南角坡地下方清墓 …………………………341

Ⅱ 铭文图版

图版 1 塔门洞券顶郑志领题刻 ……344
图版 2 第一级塔身南面左下方框图像及题刻 ……345
图版 3 第一级塔身南面右下方框图像及题刻 ……346
图版 4 第一级塔身西南面左起第二方框图像及赵瓦题刻 ……347
图版 5 第一级塔身西南面左起第三方框图像及赵瓦题刻 ……348
图版 6 第一级塔身西北面左起第二方框图像及题刻 ……349
图版 7 第一级塔身北面右方框图像及邢先生等题刻 ……350
图版 8 第一级塔身东北面左起第三方框图像及题刻 ……351
图版 9 第一级塔身东南面左起第三方框图像及题刻 ……352
图版 10 第 1、2 号窟正壁圆拱龛外左侧蔡元志镌造释迦佛龛镌记 ……353
图版 11 第 1、2 号窟右壁冯善元镌装善财参礼文殊龛镌记 ……353
图版 12 第 1、2 号窟左壁方碑付觉明等在塔内宿题名 ……354
图版 13 第 3 号龛正壁左侧方框邢信道镌造善财参礼海云比丘龛题记 ……354
图版 14 第 3 号龛正壁右侧方框邢信道镌造善财参礼海云比丘龛题记 ……355
图版 15 第 5 号龛正壁左下方左方框邢信道镌造善财参礼弥勒菩萨龛题记 ……355
图版 16 第 5 号龛正壁左下方右方框邢信道镌造善财参礼弥勒菩萨龛题记 ……356
图版 17 第 6 号龛正壁左上角邢信道镌造善财参礼德云比丘龛题记 ……356
图版 18 第 6 号龛正壁右上角邢信道镌造善财参礼德云比丘龛题记 ……357
图版 19 第 7 号窟右壁上部刘升等镌造如意轮像龛题记 ……357
图版 20 第 8 号龛正壁左侧何正言镌造观音龛题记 ……358
图版 21 第 8 号龛正壁右侧何正言镌造观音龛题记 ……358
图版 22 第 9 号龛正壁左侧何浩镌造观音龛题记 ……359
图版 23 第 9 号龛正壁右侧何浩镌造观音龛题记 ……359
图版 24 第 11 号龛正壁左上角邢信道镌造善财再会文殊龛题记 …360
图版 25 第 11 号龛正壁右上角邢信道镌造善财再会文殊龛题记 …360
图版 26 第 13 号龛正壁左侧邢信道镌造善财参礼海幢比丘龛题记 ……361
图版 27 第 13 号龛正壁右侧邢信道镌造善财参礼海幢比丘龛题记 ……361
图版 28 第 14 号龛正壁左侧邢信道镌造善财参礼解脱长者龛题记 ……362
图版 29 第 14 号龛正壁右侧邢信道镌造善财参礼解脱长者龛题记 ……362
图版 30 第 15 号窟外正上方付觉明等题名 ……363
图版 31 第 15 号窟外右上方悟春等题名 ……363
图版 32 第 16 号龛正壁左侧邢信道镌造善财参礼弥伽长者龛题记 …364
图版 33 第 16 号龛正壁右侧邢信道镌造善财参礼弥伽长者龛题记 …364
图版 34 第 17 号龛正壁中部邢信道镌造善财参礼文殊龛题记 ……365
图版 35 第 17 号龛正壁右上角邢信道镌造善财参礼文殊龛题记 …365
图版 36 第 19 号龛正壁左侧邢信道镌造善财参礼善住比丘龛题记 ……366
图版 37 第 20 号龛刑先生等刻“佛”字碑题记 ……366
图版 38 第 22 号龛正壁左上角左侧邢信道镌造善财参礼无厌足王龛题记 ……367
图版 39 第 22 号龛正壁左上角右侧邢信道镌造善财参礼无厌足王龛题记 ……367
图版 40 第 23 号窟正壁左下□于滨镌造西方三圣龛题记 ……368
图版 41 第 24 号龛正壁右上方左侧邢信道镌造善财参礼宝髻长者龛题记 ……368
图版 42 第 24 号龛正壁右上方右侧邢信道镌造善财参礼宝髻长者龛题记 ……369
图版 43 第 26 号龛正壁左上方左侧邢信道镌造善财参礼婆须密女龛题记 ……369
图版 44 第 26 号龛正壁左上方右侧邢信道镌造善财参礼婆须密女龛题记 ……370
图版 45 第 28 号窟外上部佚名镌造阿弥陀佛龛题记 ……370
图版 46 第 32 号龛主尊左侧邢信道镌造善财参礼不动优婆姨龛题记 ……371
图版 47 第 32 号龛童子上部方框邢信道镌造善财参礼不动优婆夷龛题记 ……371
图版 48 第 34 号龛正壁童子像上部左方框邢信道镌造善财参礼师子频呻比丘龛题记 ……372
图版 49 第 34 号龛正壁童子像上部右方框邢信道镌造善财参礼师子频呻比丘龛题记 ……372
图版 50 第 35 号龛童子像上部方框邢信道镌造善财参礼大光王龛题记 ……373
图版 51 第 35 号龛主尊像右上方框邢信道镌造善财参礼大光王龛题记 ……373
图版 52 第 36 号窟外上方□狐琳书镌造释迦佛龛题记 ……374
图版 53 第 37 号龛正壁邢信道镌造善财参礼婆珊婆演底夜神龛题记 ……374
图版 54 第 38 号龛正壁右上方左框邢信道镌造善财参礼普德净光夜神龛题记 ……375
图版 55 第 38 号龛正壁右上方右框邢信道镌造善财参礼普德净光夜神龛题记 ……375
图版 56 第 39 号窟正壁左上角方框“泸南安抚都钤”题刻 ……376
图版 57 第 39 号窟正壁右上角方框“冯大学施此圣容”题刻 ……376
图版 58 第 39 号窟左壁左方框“泸南安抚都钤辖”题刻 ……377
图版 59 第 39 号窟左壁右上角“冯大学供养圣容”题刻 ……377

图版 60　第 39 号窟右壁左上角“泸南安抚都钤辖”题刻 …………378
图版 61　第 39 号窟右壁右上角“冯大学供养圣容”题刻 …………378
图版 62　第 40 号龛正壁邢信道镌造善财参礼精进力夜神龛题记 …379
图版 63　第 41 号龛正壁“泸南安抚冯大学施”题刻 …………379
图版 64　第 42 号龛正壁邢信道镌造善财参礼树花夜神龛题记 ……380
图版 65　第 43 号窟左壁任亮刊刻冯大学施钱造塔记 …………380
图版 66　第 45 号龛正壁“泸南安抚冯大学施”题刻 …………381
图版 67　第 47 号窟正壁左侧“泸南安抚都钤冯大学”题刻 ………381
图版 68　第 47 号窟正壁右侧“陆层宝塔壹级全”题刻 …………382
图版 69　第 49 号龛童子像上部左框邢信道镌造善财参礼□生夜神龛题记 …………382
图版 70　第 49 号龛童子像上部右框邢信道镌造善财参礼□生夜神龛题记 …………382
图版 71　第 50 号窟左壁立像“妙悟”题刻 …………383
图版 72　第 50 号窟右壁立像“女童妙明”题刻 …………383
图版 73　第 50 号窟正壁左上角冯大学造第陆层宝塔及造像全堂题记 …………383
图版 74　第 50 号窟正壁右上角冯大学造第陆层宝塔及造像全堂题记 …………384
图版 75　第 51 号龛正壁刘睽镌造释迦佛龛题记 …………384
图版 76　第 54 号窟正壁左侧王堂镌造释迦佛题记 …………385
图版 77　第 54 号窟正壁右侧王堂镌造释迦佛题记 …………385
图版 78　第 54 号窟左壁王堂化众舍钱建塔第八级镌记及功德主题名 …………386
图版 79　第 54 号窟右壁第八级宝塔上舍钱施主题名 …………388
图版 80　第 55 号龛外上方汉卿等认砌第十一级宝塔镌记 …………390
图版 81　第 56 号龛正壁邢信道镌造善财参礼贤圣优婆夷龛题记 …392
图版 82　第 57 号窟正壁左上方文陟造无量寿佛龛镌记 …………393
图版 83　第 57 号窟正壁右上方文陟造无量寿佛龛镌记 …………393
图版 84　第 58 号龛外上方李小大镌造观音龛题记 …………394
图版 85　第 59 号龛正壁邢信道镌造善财参礼最寂静婆罗门龛题记 …………395
图版 86　第 60 号窟正壁右上方框佚名造释迦佛龛残镌记 …………395
图版 87　第 60 号窟左壁刘杰造龙树菩萨及施铁索镌记 …………396
图版 88　第 60 号窟右壁昝彦造地藏菩萨镌记 …………397
图版 89　第 60 号窟外上方伏小八匠师题名 …………397
图版 90　第 64 号窟外上方伏小八匠师题名 …………398
图版 91　第 64 号窟外上方浅龛佚名造涅槃窟题记 …………399
图版 92　第 66 号龛正壁邢信道镌造善财参礼遍友童子师龛题记 …400
图版 93　第 67 号龛正壁左上方周圆晖造像残记 …………400
图版 94　第 67 号龛正壁右上方周圆晖造像残记 …………401
图版 95　第 67 号龛正壁上方砖面周圆晖题名 …………401
图版 96　第 71 号龛桂天培等培修多宝塔题名 …………402
图版 97　第 73 号龛桂天培等培修多宝塔题名 …………403
图版 98　第 76 号龛桂天培等培修多宝塔题名 …………404
图版 99　第 78 号龛僧成书培修多宝塔记 …………406
图版 100　第 79 号龛僧成书培修多宝塔记 …………408
图版 101　第 80 号龛僧成书培修多宝塔记 …………410
图版 102　第 80-1 号龛重庆大足石刻艺术博物馆立“培修多宝塔记” …………412
图版 103　第 116 号窟正壁左上角王安镌造千手观音龛镌记 ………414
图版 104　第 116 号窟正壁右上角王安镌造千手观音龛镌记 ………414
图版 105　第 117 号龛正壁左上方框邢信道镌造善财童子五十三参像龛镌记 …………414
图版 106　第 117 号龛正壁右上方框邢信道镌造善财童子五十三参像龛镌记 …………414
图版 107　第 118 号龛正壁左上部左右框邢信道镌造善财童子五十三参像龛镌记 …………415
图版 108　第 119 号龛正壁左上角佚名造药师经变残镌记 …………415
图版 109　第 119 号龛正壁右上角佚名造药师经变残镌记 …………415
图版 110　第 120 号龛正壁左上方邢信道镌造善财善财童子五十三参像龛镌记 …………415
图版 111　第 122 号窟正壁左上角佚名造玉印观音残镌记 …………416
图版 112　第 122 号窟正壁右上角佚名造玉印观音残镌记 …………416
图版 113　第 128 号窟左壁王慈济造释迦佛镌记 …………417
图版 114　第 128 号窟右壁王慈济自赞文 …………418
图版 115　白塔寺碑序 …………419
图版 116《白塔寺花园记》碑 …………420
图版 117《福田广种》碑 …………421
图版 118《乙卯功德碑》 …………422
图版 119　“乙卯修路”题刻 …………423
图版 120　一碗水观音阁“一点心”题刻 …………424
图版 121　一碗水“观音阁”牌坊题名 …………424
图版 122　一碗水观音龛龛沿楹联 …………425
图版 123　一碗水观音阁牌坊明间柱楹联 …………426
图版 124　一碗水观音阁牌坊次间柱楹联 …………427
图版 125　一碗水观音阁牌坊次间碑刻 …………428
图版 126　北塔坡“海棠香国”题刻 …………430
图版 127　北塔坡上方清墓墓塔第三级塔身南面题刻 …………431
图版 128　北塔坡上方清墓墓塔第三级塔身西南面铭文 …………432
图版 129　北塔坡上方清墓墓塔第三级塔身西北面铭文 …………433

Ⅰ 摄影图版

图版 1　多宝塔卫星图

图版 2　多宝塔航拍图

图版 3　多宝塔远景

图版 4　多宝塔与北山佛湾

图版 5　多宝塔与北塔寺

图版 6　多宝塔及二佛

图版 7　二佛与古墓群

图版 8　多宝塔近景

图版 9　多宝塔西北面塔基右侧角力士像

图版 10　多宝塔北面塔基右侧角力士像

图版 11　多宝塔东北面塔基右侧角力士像

图版 12　多宝塔第一级塔身南壁

图版 13　多宝塔第一级塔身西南壁

图版 14　多宝塔第一级塔身西壁

图版 15　多宝塔第一级塔身西北壁

图版 16　多宝塔第一级塔身北壁

图版 17　多宝塔第一级塔身东北壁

图版 18　多宝塔第一级塔身东壁

图版 19　多宝塔第一级塔身东南壁

图版20　多宝塔第一级塔身南面与西南面相交处倚柱

图版 21　多宝塔第一级塔身西南面与西面相交处倚柱

图版 22　多宝塔第一级塔身西面与西北面相交处倚柱

图版23　多宝塔第一级塔身西北面与北面相交处倚柱

图版24　多宝塔第一级塔身北面与东北面相交处倚柱

图版25　多宝塔第一级塔身东北面与东面相交处倚柱

图版 26　多宝塔第一级塔身东面与东南面相交处倚柱

图版 27　多宝塔第一级塔身东南面与南面相交处倚柱

图版 28　多宝塔第一重南面塔檐

图版 29　多宝塔第一重塔檐下部转角铺作

图版 30　多宝塔塔门洞券顶造像

图版 31　多宝塔第一级塔身南壁左上方框

图版 32　多宝塔第一级塔身南壁左下方框

图版 33　多宝塔第一级塔身南壁右上方框

图版 34　多宝塔第一级塔身南壁右下方框

图版 35　多宝塔第一级塔身西南壁左起第一方框

图版 36　多宝塔第一级塔身西南壁左起第二方框

图版 37　多宝塔第一级塔身西南壁左起第三方框

图版 38　多宝塔第一级塔身西南壁左起第四方框

图版 39　多宝塔第一级塔身西壁左方框

图版 40　多宝塔第一级塔身西壁右方框

图版 41　多宝塔第一级塔身西北壁左起第一方框

图版 42　多宝塔第一级塔身西北壁左起第二方框

图版 43　多宝塔第一级塔身西北壁左起第三方框

图版 44　多宝塔第一级塔身西北壁左起第四方框

图版 45　多宝塔第一级塔身北壁左方框

图版 46　多宝塔第一级塔身北壁右方框

图版 47　多宝塔第一级塔身东北壁左起第一方框

图版 48　多宝塔第一级塔身东北壁左起第二方框

图版 49　多宝塔第一级塔身东北壁左起第三方框

图版 50　多宝塔第一级塔身东北壁左起第四方框

图版 51　多宝塔第一级塔身东壁左方框

图版 52　多宝塔第一级塔身东壁右方框

图版 53　多宝塔第一级塔身东南壁左起第一方框

图版 54　多宝塔第一级塔身东南壁左起第二方框

图版 55　多宝塔第一级塔身东南壁左起第三方框

图版 56　多宝塔第一级塔身东南壁左起第四方框

图版 57　多宝塔第二级塔身南壁

图版 58　多宝塔第二级塔身西南壁

图版 59　多宝塔第二重南面塔檐

图版 60　多宝塔第二重塔檐下部转角结构

图版 61　多宝塔第三级塔身南壁

图版 62　多宝塔第三级塔身西南壁

图版 63　多宝塔第三级塔身西壁

图版 64　多宝塔第三级塔身西北壁

图版 65　多宝塔第三级塔身北壁

图版 66　多宝塔第三级塔身东北壁

图版 67　多宝塔第三级塔身东壁

图版 68　多宝塔第三级塔身东南壁

图版 69　多宝塔第三重南面塔檐

图版 70　多宝塔第三重塔檐下部转角铺作

图版 71　多宝塔第四级塔身南壁

图版 72　多宝塔第四级塔身西南壁

图版 73　多宝塔第四重南面塔檐

图版 74　多宝塔第四重塔檐下部转角结构

图版 75　多宝塔第五级塔身南壁

图版 76　多宝塔第五级塔身西南壁

图版 77　多宝塔第五级塔身西壁

图版 78　多宝塔第五级塔身西北壁

图版 79　多宝塔第五级塔身北壁

图版 80　多宝塔第五级塔身东北壁

图版 81　多宝塔第五级塔身东壁

图版 82　多宝塔第五级塔身东南壁

图版 83　多宝塔第五重南面塔檐

图版 84　多宝塔第五重塔檐下部转角铺作

图版 85　多宝塔第六级塔身南壁

图版 86　多宝塔第六级塔身西南壁

图版 87　多宝塔第六重南面塔檐

图版 88　多宝塔第六重塔檐下部转角结构

图版 89　多宝塔第七级塔身南壁

图版 90　多宝塔第七级塔身西南壁

图版 91　多宝塔第七级塔身西壁

图版 92　多宝塔第七级塔身西北壁

图版 93　多宝塔第七级塔身北壁

图版 94　多宝塔第七级塔身东北壁

图版 95　多宝塔第七级塔身东壁

图版 96　多宝塔第七级塔身东南壁

图版 97 多宝塔第七重南面塔檐

图版 98 多宝塔第七重塔檐下部转角铺作

图版 99　多宝塔第八级塔身南壁

图版 100　多宝塔第八级塔身西南壁

图版 101　多宝塔第八重南面塔檐

图版 102　多宝塔第八重塔檐下部转角结构

图版 103　多宝塔第九级塔身南壁

图版 104　多宝塔第九级塔身西南壁

图版 105　多宝塔第九级塔身西壁

图版 106　多宝塔第九级塔身西北壁

图版 107　多宝塔第九级塔身北壁

图版 108　多宝塔第九级塔身东北壁

图版 109　多宝塔第九级塔身东壁

图版 110　多宝塔第九级塔身东南壁

图版 111　多宝塔第九重南面塔檐

图版 112　多宝塔第九重塔檐下部转角铺作

图版 113　多宝塔第十级塔身南壁

图版 114　多宝塔第十级塔身西南壁

图版 115　多宝塔第十重南面塔檐

图版 116　多宝塔第十重塔檐下部转角结构

图版 117　多宝塔第十一级塔身南壁

图版 118　多宝塔第十一级塔身西南壁

图版 119　多宝塔第十一级塔身西北壁

图版 120　多宝塔第十一级塔身东北壁

图版121　多宝塔第十一级塔身东南壁

图版 122　多宝塔第十一重南面塔檐

图版 123　多宝塔第十一重塔檐下部转角铺作

图版 124　多宝塔第十二级塔身西南壁

图版 125　多宝塔第十二级塔身西壁

图版 126　多宝塔第十二级塔身东北壁

图版 127　多宝塔第十二级塔身东壁

图版 128　多宝塔第十二重南面塔檐

图版 129　多宝塔第十二重塔檐下部转角结构

图版 130　多宝塔塔刹

图版 131　多宝塔内第二层回廊券顶

图版 132　多宝塔内第二层与第三层回廊间梯道

图版 133　多宝塔内第三层与第四层回廊间梯道

图版 134　多宝塔内第四层与第五层回廊间梯道

图版 135　多宝塔内第三层回廊的覆斗顶

图版 136　多宝塔内第四层回廊梯道入口处的覆斗顶

图版 137　多宝塔内第七层回廊梯道出口处的覆斗顶

图版 138　多宝塔内第七层回廊梯道入口处的覆斗顶

图版139　第1、2号窟外立面

图版 140　第 1、2 号窟窟顶

图版 141　第 1、2 号窟正壁

图版 142　第 1、2 号窟左壁

图版 143　第 1、2 号窟右壁

图版 144　第 3 号龛外立面

图版 145　第 4 号龛外立面

图版 146　第 5 号龛外立面

图版 147　第 6 号龛外立面

图版 148　第 7 号窟外立面

图版 149　第 7 号窟窟顶

图版 150　第 7 号窟正壁

图版 151　第 8 号龛外立面

图版 152　第 9 号龛外立面

图版153　第10号龛外立面

图版 154　第 11 号龛外立面

图版 155　第 12 号窟外立面

图版156　第12号窟窟顶

图版 157　第 12 号窟正壁

图版 158　第 13 号龛外立面

图版159　第14号龛外立面

图版 160　第 15 号窟外立面

图版 161　第 15 号窟窟顶

图版 162　第 15 号窟正壁

图版163　第16号龛外立面

图版 164　第 17 号龛外立面

图版165　第18号龛外立面

图版 166　第 19 号龛外立面

图版 167　第 20 号龛外立面

图版 168　第 21 号龛外立面

图版 169　第 22 号龛外立面

图版 170　第 23 号窟外立面

图版 171　第 23 号窟窟顶

图版 172　第 23 号窟正壁

图版173　第24号龛外立面

图版 174　第 25 号龛外立面

图版 175　第 26 号龛外立面

图版 176　第 27 号龛外立面

图版 177　第 28 号窟外立面

图版 178　第 28 号窟窟顶

图版179　第28号窟正壁

图版 180　第 29 号龛外立面

图版 181　第 30 号龛外立面

图版 182　第 31 号龛外立面

图版 183　第 32 号龛外立面

图版 184　第 33 号窟外立面

图版 185　第 33 号窟窟顶

图版 186　第 33 号窟正壁

图版 187　第 34 号龛外立面

图版 188　第 35 号龛外立面

图版 189　第 36 号窟外立面

图版 190　第 36 号窟窟顶

图版 191　第 36 号窟正壁

图版 192　第 36 号窟左壁

图版 193　第 36 号窟右壁

图版 194　第 37 号龛外立面

图版 195　第 38 号龛外立面

图版 196　第 39 号窟外立面

图版 197　第 39 号窟窟顶

图版 198　第 39 号窟正壁

图版 199　第 39 号窟左壁

图版 200　第 39 号窟右壁

图版 201　第 40 号龛外立面

图版 202　第 41 号龛外立面

图版 203　第 42 号龛外立面

图版 204　第 43 号窟外立面

图版 205　第 43 号窟窟顶

图版 206　第 43 号窟正壁

图版 207　第 44 号龛外立面

图版 208　第 45 号龛外立面

图版 209　第 46 号龛外立面

图版 210　第 47 号窟外立面

图版 211　第 47 号窟窟顶

图版 212　第 47 号窟正壁

图版 213　第 47 号窟左壁

图版 214　第 47 号窟右壁

图版 215　第 48 号龛外立面

图版 216　第 49 号龛外立面

图版 217　第 50 号窟外立面

图版 218　第 50 号窟窟顶

图版 219　第 50 号窟正壁

图版 220　第 50 号窟左壁

图版 221　第 50 号窟右壁

图版 222　第 51 号龛外立面

图版 223　第 52 号窟外立面

图版 224　第 52 号窟窟顶

图版 225　第 52 号窟正壁

图版 226　第 53 号龛外立面

图版 227　第 54 号窟外立面

图版 228　第 54 号窟窟顶

图版 229　第 54 号窟正壁

图版230　第55号龛外立面

图版 231　第 56 号龛外立面

图版 232　第 57 号窟外立面

图版 233　第 57 号窟窟顶

图版 234　第 57 号窟正壁

图版 235　第 57 号窟左壁

图版 236　第 57 号窟右壁

图版 237　第 58 号龛外立面

图版 238　第 59 号龛外立面

图版 239　第 60 号窟外立面

图版 240　第 60 号窟窟顶

图版 241　第 60 号窟正壁

图版 242　第 60 号窟左壁

图版 243　第 60 号窟右壁

图版 244　第 61 号龛外立面

图版 245　第 62 号窟外立面

图版 246　第 62 号窟窟顶

图版 247　第 62 号窟正壁

图版 248　第 63 号龛外立面

图版 249　第 64 号窟外立面

图版 250　第 64 号窟窟顶

图版 251　第 64 号窟正壁

图版 252　第 64 号窟左壁

图版 253　第 64 号窟右壁

图版 254　第 65 号龛外立面

图版255　第66号龛外立面

图版 256　第 67 号窟外立面

图版 257　第 67 号窟窟顶

图版 258　第 67 号窟正壁

图版 259　第 68 号龛外立面

图版 260　第 69 号窟外立面

图版 261　第 69 号窟窟顶

图版 262　第 69 号窟正壁

图版 263　第 70 号窟外立面

图版 264　第 70 号窟窟顶

图版265　第70号窟正壁

图版 266　第 71 号龛外立面

图版 267　第 71-1 号龛外立面

图版 268　第 72 号窟外立面

图版 269　第 72 号窟窟顶

图版 270　第 72 号窟正壁

图版 271　第 73 号龛外立面

图版 272　第 73-1 号龛外立面

图版 273　第 74 号窟外立面

图版 274　第 74 号窟窟顶

图版 275　第 74 号窟正壁

图版 276　第 75 号龛外立面

图版 277　第 76 号龛外立面

图版 278　第 77 号窟外立面

图版 279　第 77 号窟窟顶

图版 280　第 77 号窟正壁

图版 281　第 78 号龛外立面

图版 282　第 79 号龛外立面

图版 283　第 80 号龛外立面

图版 284　第 80-1 号龛外立面

图版 285　第 80-2 号窟外立面

图版 286　第 80-2 号窟窟顶

图版287　第81号龛外立面

陈明光拍摄于1997年

图版 288　第 82 号窟外立面

图版 289　第 83 号窟外立面

图版 290　第 84 号窟外立面

图版 291　第 86 号龛外立面

图版 292　第 87 号龛外立面

图版 293　第 88 号龛外立面

图版 294　第 89 号窟外立面

图版 295　第 89 号窟窟顶

图版 296　第 89 号窟正壁

图版 297　第 90 号龛外立面

图版 298　第 91 号窟外立面

图版 299　第 91 号窟窟顶

图版 300　第 91 号窟正壁

图版 301　第 92 号龛外立面

图版 302　第 93 号窟外立面

图版 303　第 93 号窟窟顶

图版 304　第 94 号龛外立面

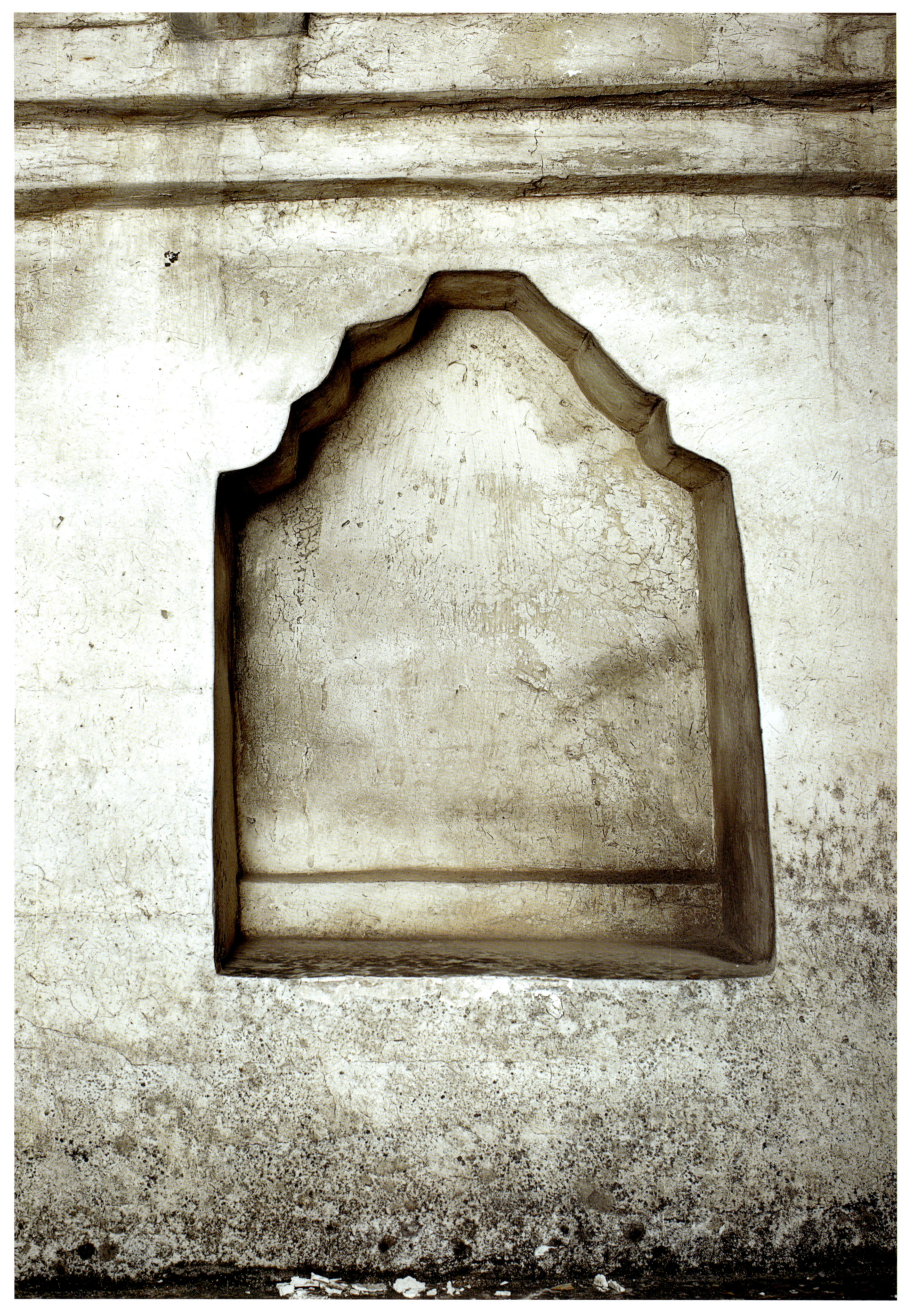

图版 305　第 95 号窟外立面

图版 306　第 95 号窟窟顶

图版 307　第 95 号窟正壁

图版 308　第 96 号龛外立面

图版 309　第 97 号窟外立面

图版 310　第 97 号窟窟顶

图版 311　第 97 号窟正壁

图版 312　第 98 号龛外立面

图版 313　第 99 号窟外立面

图版 314　第 99 号窟窟顶

图版315　第99号窟正壁

图版 316　第 100 号龛外立面

图版317　第101号窟外立面

图版 318　第 101 号窟窟顶

图版 319　第 101 号窟正壁

图版 320　第 102 号龛外立面

图版 321　第 103 号窟外立面

图版 322　第 103 号窟窟顶

图版 323　第 103 号窟正壁

图版 324　第 104 号龛外立面

图版 325　第 105 号窟外立面

图版 326　第 105 号窟窟顶

图版 327　第 105 号窟正壁

图版 328　第 106 号龛外立面

图版 329　第 107 号窟外立面

图版 330　第 107 号窟窟顶

图版 331　第 107 号窟正壁

图版 332　第 107 号窟左壁

图版 333　第 107 号窟右壁

图版 334　第 108 号龛外立面

图版 335　第 109 号窟外立面

图版 336　第 109 号窟窟顶

图版 337　第 109 号窟正壁

图版 338　第 110 号龛外立面

图版 339　第 111 号窟外立面

图版 340　第 111 号窟窟顶

图版 341　第 111 号窟正壁

图版 342　第 111 号窟左壁

图版343　第111号窟右壁

图版 344　第 112 号龛外立面

图版 345　第 113 号窟外立面

图版 346　第 113 号窟窟顶

图版 347　第 113 号窟正壁

图版 348　第 114 号龛外立面

图版 349　第 115 号龛外立面

图版 350　第 116 号窟外立面

图版 351　第 116 号窟窟顶

图版 352　第 116 号窟正壁

图版 353　第 117 号龛外立面

图版 354　第 118 号龛外立面

图版 355　第 119 号窟外立面

图版 356　第 119 号窟窟顶

图版 357　第 119 号窟正壁

图版 358　第 120 号龛外立面

图版 359　第 121 号龛外立面

图版 360　第 122 号窟外立面

图版 361　第 122 号窟窟顶

图版 362　第 122 号窟正壁

图版 363　第 123 号龛外立面

图版 364　第 124 号龛外立面

图版 365　第 125 号龛外立面

图版 366　第 126 号窟外立面

图版 367　第 126 号窟窟顶

图版 368　第 126 号窟正壁

图版 369　第 127 号龛外立面

图版 370　第 128 号窟外立面

图版 371　第 128 号窟窟顶

图版 372　第 128 号窟正壁

图版 373　第 129 号龛外立面

图版 374　第 130 号窟外立面

图版375　第130号窟窟顶

图版 376　第 130 号窟正壁

图版 377　第 131 号龛外立面

图版 378　二佛窟外立面

图版 379　北塔寺遗址局部

图版380　北塔寺山门

图版 381　北塔寺前殿台基左侧

图版 382　北塔寺前殿台基右侧

图版 383　北塔寺前殿

图版 384　北塔寺后殿

图版 385　北塔寺遗址后殿明间正脊第一则墨书

图版 386　北塔寺遗址后殿明间正脊第二则墨书

图版 387　北塔寺前殿中佛像

图版 388　北塔寺前殿左佛像

图版 389　北塔寺前殿石佛像

图版 390　北塔坡经幢龛外立面

图版 391　五佛殿外立面

图版 392　五佛殿正壁

图版 393　五佛殿左侧壁

图版 394　五佛殿右侧壁

图版 395　一碗水观音龛外立面

图版 396　北塔坡“海棠香国”题刻

图版 397　北塔坡东南坡地宋墓墓室局部

图版 398　北塔坡明墓群

图版 399　北塔坡东南角坡地上方清墓

图版 400　北塔坡东南角坡地下方清墓

II 铭文图版

图版 1　塔门洞券顶郑志领题刻

图版 1　塔门洞券顶郑志领题刻

图版 2　第一级塔身南面左下方框图像及题刻

图版 2　第一级塔身南面左下方框图像及题刻

图版3　第一级塔身南面右下方框图像及题刻

图版3　第一级塔身南面右下方框图像及题刻

图版 4　第一级塔身西南面左起第二方框图像及赵瓦题刻

图版 4　第一级塔身西南面左起第二方框图像及赵瓦题刻

图版5　第一级塔身西南面左起第三方框图像及赵瓦题刻

图版5　第一级塔身西南面左起第三方框图像及赵瓦题刻

图版 6　第一级塔身西北面左起第二方框图像及题刻

图版 6　第一级塔身西北面左起第二方框图像及题刻

图版 7　第一级塔身北面右方框图像及邢先生等题刻

图版 7　第一级塔身北面右方框图像及邢先生等题刻

图版 8　第一级塔身东北面左起第三方框图像及题刻

图版 8　第一级塔身东北面左起第三方框图像及题刻

图版 9　第一级塔身东南面左起第三方框图像及题刻

图版 9　第一级塔身东南面左起第三方框图像及题刻

08 07 06 05 04 03 02 01

图版 10　第 1、2 号窟正壁圆拱龛外左侧蔡元志镌造释迦佛龛镌记

08 07 06 05 04 03 02 01

图版 10　第 1、2 号窟正壁圆拱龛外左侧蔡元志镌造释迦佛龛镌记

03 02 01

图版 11　第 1、2 号窟右壁冯善元镌装善财参礼文殊龛镌记

03 02 01

图版 11　第 1、2 号窟右壁冯善元镌装善财参礼文殊龛镌记

图版 12　第 1、2 号窟左壁方碑付觉明等在塔内宿题名

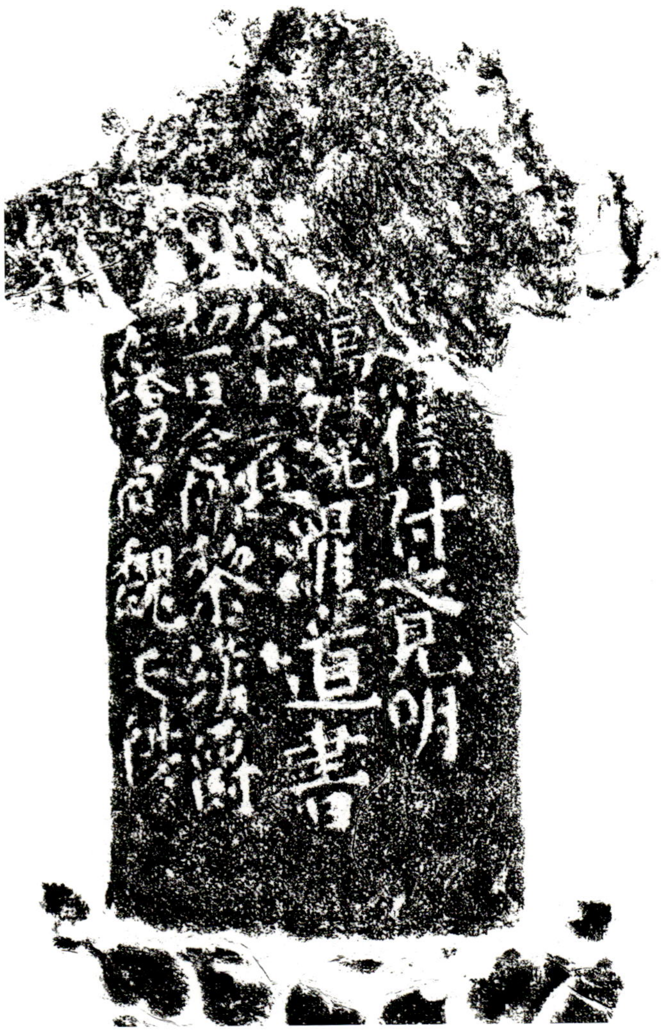

图版 12　第 1、2 号窟左壁方碑付觉明等在塔内宿题名

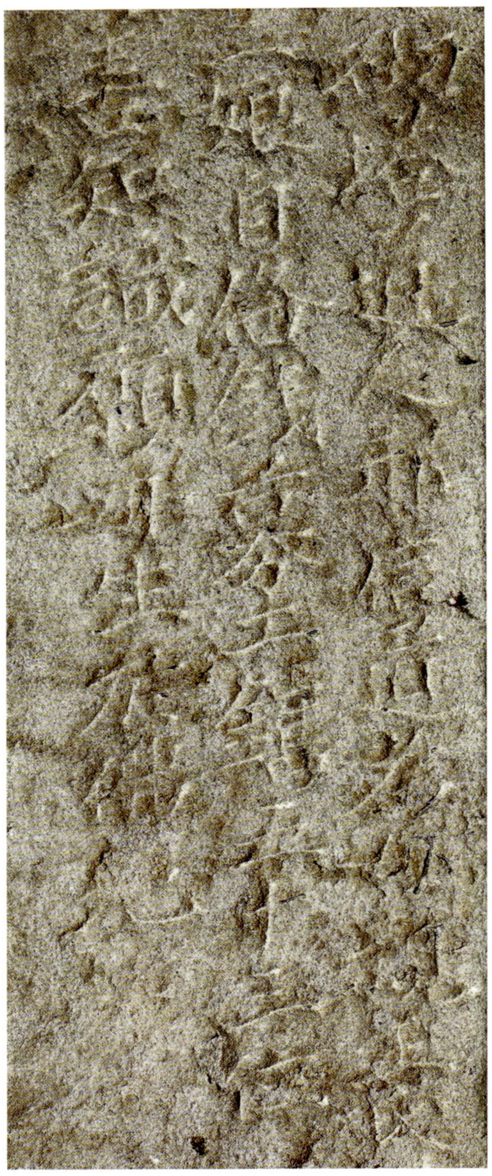

03　02　01

图版 13　第 3 号龛正壁左侧方框邢信道镌造善财参礼海云比丘龛题记

03　02　01

图版 13　第 3 号龛正壁左侧方框邢信道镌造善财参礼海云比丘龛题记

02 01

图版 14　第 3 号龛正壁右侧方框邢信道镌造善财参礼海云比丘龛题记

02 01

图版 14　第 3 号龛正壁右侧方框邢信道镌造善财参礼海云比丘龛题记

02 01

图版 15　第 5 号龛正壁左下方左方框邢信道镌造善财参礼弥勒菩萨龛题记

02 01

图版 15　第 5 号龛正壁左下方左方框邢信道镌造善财参礼弥勒菩萨龛题记

03 02 01

图版 16　第 5 号龛正壁左下方右方框邢信道镌造善财参礼弥勒菩萨龛题记

03 02 01

图版 16　第 5 号龛正壁左下方右方框邢信道镌造善财参礼弥勒菩萨龛题记

03 02 01

图版 17　第 6 号龛正壁左上角邢信道镌造善财参礼德云比丘龛题记

03 02 01

图版 17　第 6 号龛正壁左上角邢信道镌造善财参礼德云比丘龛题记

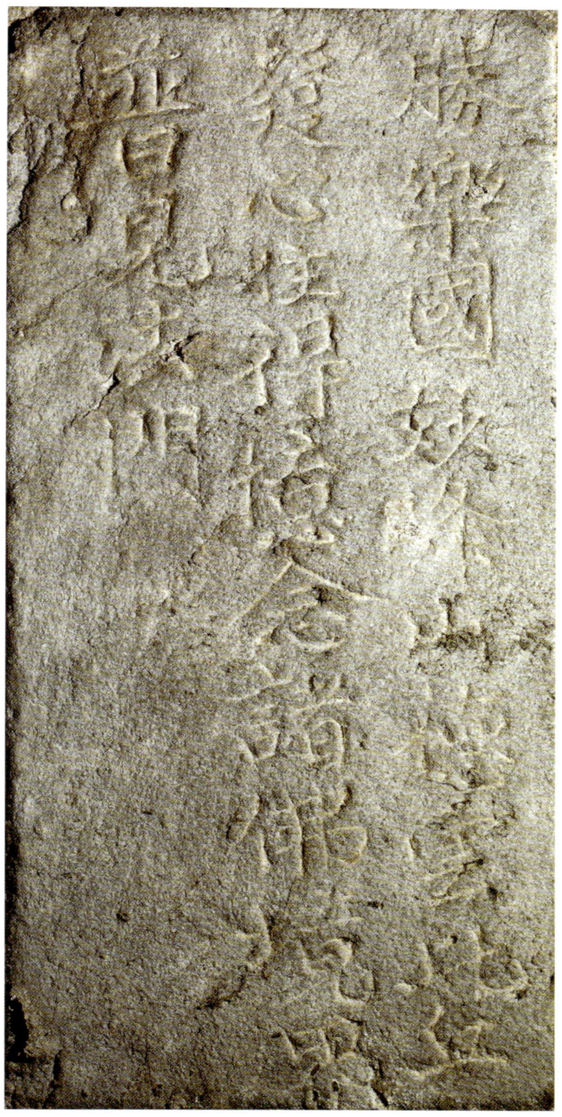

03 02 01

图版 18　第 6 号龛正壁右上角邢信道镌造善财参礼德云比丘龛题记

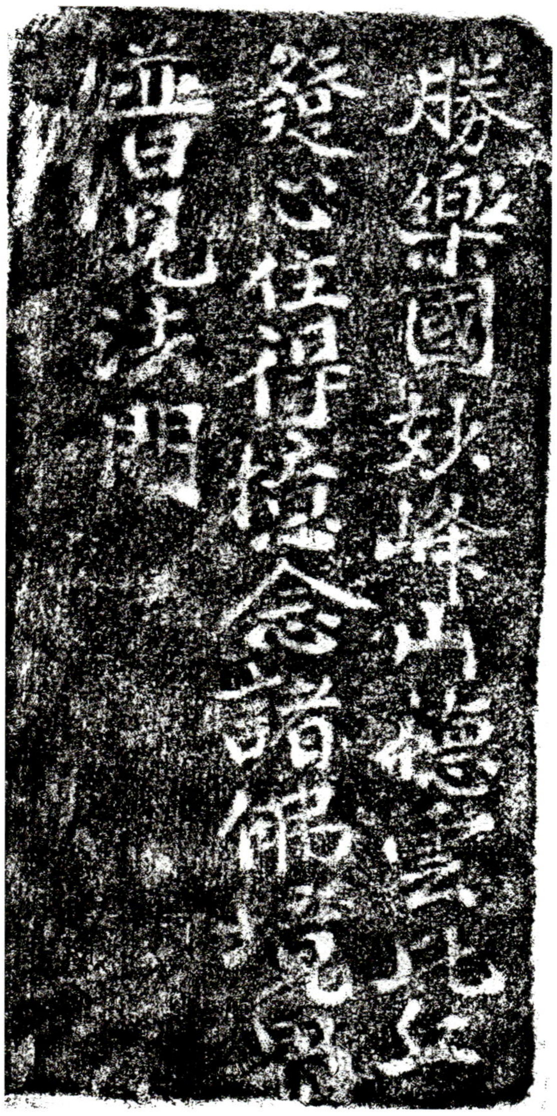

03 02 01

图版 18　第 6 号龛正壁右上角邢信道镌造善财参礼德云比丘龛题记

13 12 11 10 09 08 07 06 05 04 03 02 01

图版 19　第 7 号窟右壁上部刘升等镌造如意轮像龛题记

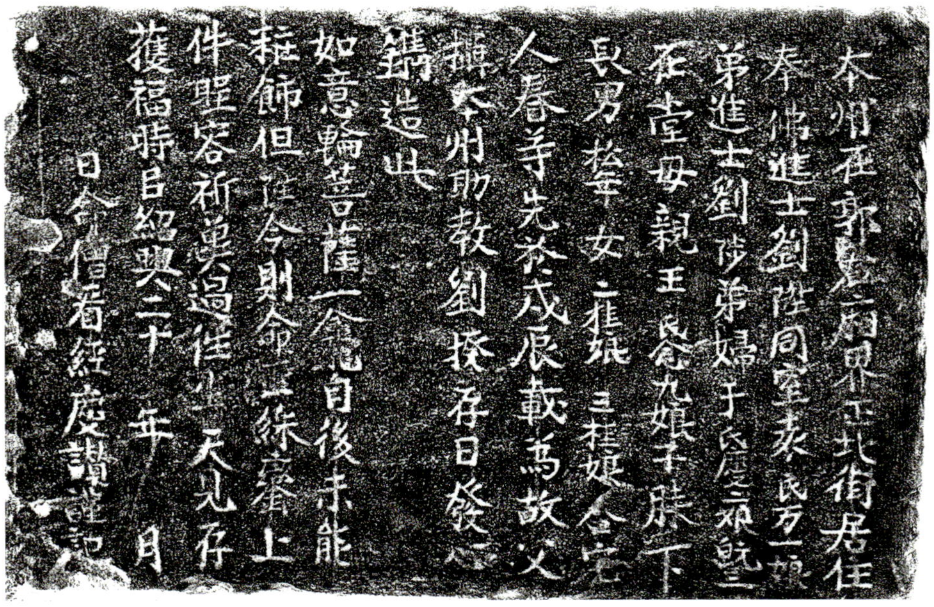

13 12 11 10 09 08 07 06 05 04 03 02 01

图版 19　第 7 号窟右壁上部刘升等镌造如意轮像龛题记

图版 20　第 8 号龛正壁左侧何正言镌造观音龛题记

图版 20　第 8 号龛正壁左侧何正言镌造观音龛题记

图版 21　第 8 号龛正壁右侧何正言镌造观音龛题记

图版 21　第 8 号龛正壁右侧何正言镌造观音龛题记

图版 22　第 9 号龛正壁左侧何浩镌造观音龛题记

图版 22　第 9 号龛正壁左侧何浩镌造观音龛题记

图版 23　第 9 号龛正壁右侧何浩镌造观音龛题记

图版 23　第 9 号龛正壁右侧何浩镌造观音龛题记

04　03　02　01

图版 24　第 11 号龛正壁左上角邢信道镌造善财再会文殊龛题记

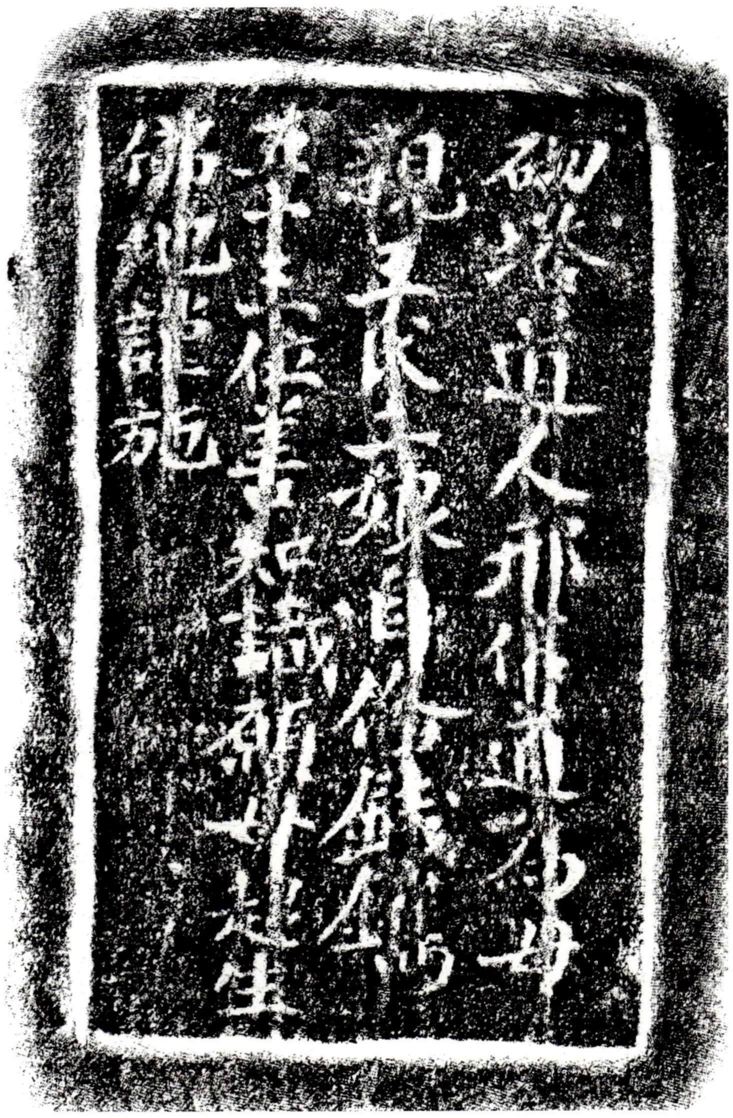

04　03　02　01

图版 24　第 11 号龛正壁左上角邢信道镌造善财再会文殊龛题记

02　01

图版 25　第 11 号龛正壁右上角邢信道镌造善财再会文殊龛题记

02　01

图版 25　第 11 号龛正壁右上角邢信道镌造善财再会文殊龛题记

02 01

图版 26　第 13 号龛正壁左侧邢信道镌造善财参礼海幢比丘龛题记

02 01

图版 26　第 13 号龛正壁左侧邢信道镌造善财参礼海幢比丘龛题记

02 01

图版 27　第 13 号龛正壁右侧邢信道镌造善财参礼海幢比丘龛题记

02 01

图版 27　第 13 号龛正壁右侧邢信道镌造善财参礼海幢比丘龛题记

03　　02　　01

图版 28　第 14 号龛正壁左侧邢信道镌造善财参礼解脱长者龛题记

03　　02　　01

图版 28　第 14 号龛正壁左侧邢信道镌造善财参礼解脱长者龛题记

02　　01

图版 29　第 14 号龛正壁右侧邢信道镌造善财参礼解脱长者龛题记

02　　01

图版 29　第 14 号龛正壁右侧邢信道镌造善财参礼解脱长者龛题记

图版 30　第 15 号窟外正上方付觉明等题名

图版 30　第 15 号窟外正上方付觉明等题名

图版 31　第 15 号窟外右上方悟春等题名

图版 31　第 15 号窟外右上方悟春等题名

02　　01

图版 32　第 16 号龛正壁左侧邢信道镌造善财参礼弥伽长者龛题记

02　　01

图版 32　第 16 号龛正壁左侧邢信道镌造善财参礼弥伽长者龛题记

03　　02　　01

图版 33　第 16 号龛正壁右侧邢信道镌造善财参礼弥伽长者龛题记

03　　02　　01

图版 33　第 16 号龛正壁右侧邢信道镌造善财参礼弥伽长者龛题记

02　　01

图版 34　第 17 号龛正壁中部邢信道镌造善财参礼文殊龛题记

02　　01

图版 34　第 17 号龛正壁中部邢信道镌造善财参礼文殊龛题记

04　　03　　02　　01

图版 35　第 17 号龛正壁右上角邢信道镌造善财参礼文殊龛题记

04　　03　　02　　01

图版 35　第 17 号龛正壁右上角邢信道镌造善财参礼文殊龛题记

02 01

图版 36　第 19 号龛正壁左侧邢信道镌造善财参礼善住比丘龛题记

02 01

图版 36　第 19 号龛正壁左侧邢信道镌造善财参礼善住比丘龛题记

图版 37　第 20 号龛刑先生等刻“佛”字碑题记

图版 37　第 20 号龛刑先生等刻“佛”字碑题记

02　　01

图版 38　第 22 号龛正壁左上角左侧邢信道镌造善财参礼无厌足王龛题记

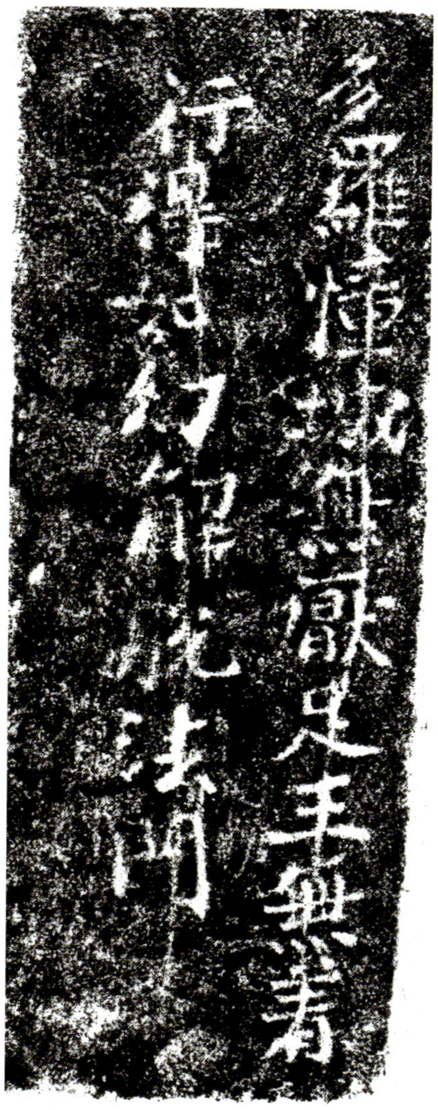

02　　01

图版 38　第 22 号龛正壁左上角左侧邢信道镌造善财参礼无厌足王龛题记

03　　02　　01

图版 39　第 22 号龛正壁左上角右侧邢信道镌造善财参礼无厌足王龛题记

03　　02　　01

图版 39　第 22 号龛正壁左上角右侧邢信道镌造善财参礼无厌足王龛题记

02 01

图版 40　第 23 号窟正壁左下□于滨镌造西方三圣龛题记

02 01

图版 40　第 23 号窟正壁左下□于滨镌造西方三圣龛题记

03 02 01

图版 41　第 24 号龛正壁右上方左侧邢信道镌造善财参礼宝髻长者龛题记

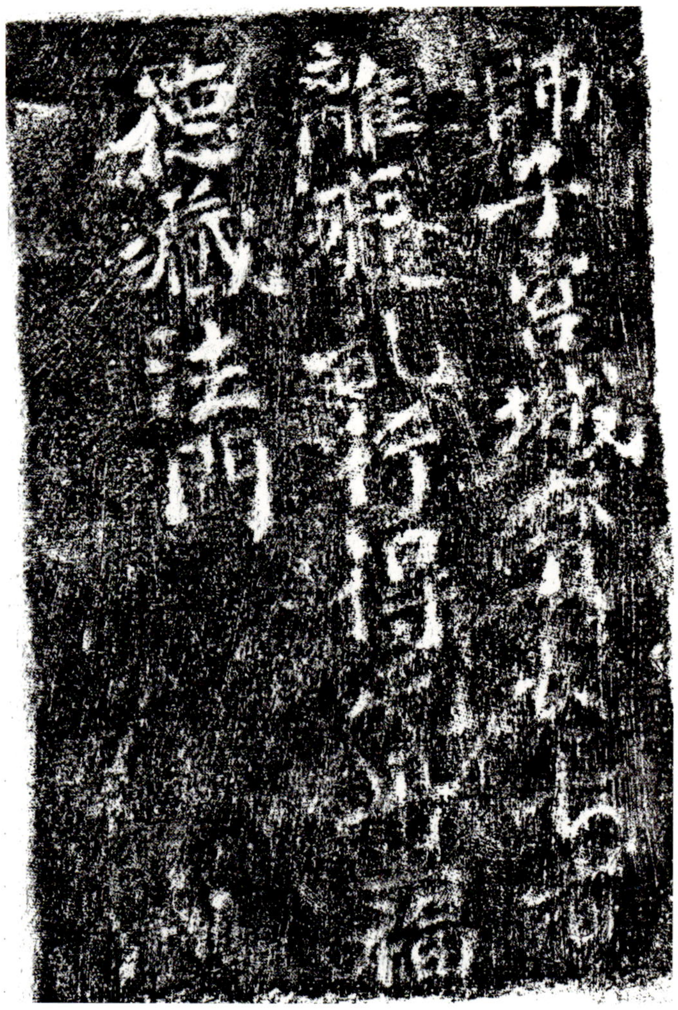

03 02 01

图版 41　第 24 号龛正壁右上方左侧邢信道镌造善财参礼宝髻长者龛题记

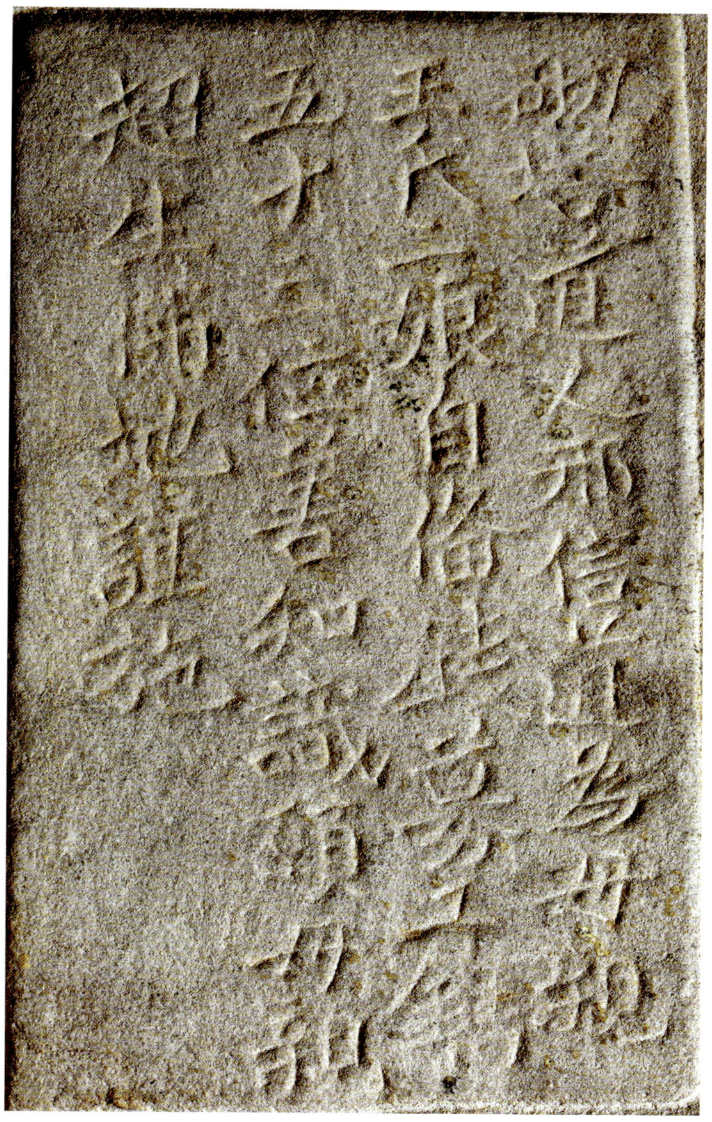

04　03　02　01

图版 42　第 24 号龛正壁右上方右侧邢信道镌造善财参礼宝髻长者龛题记

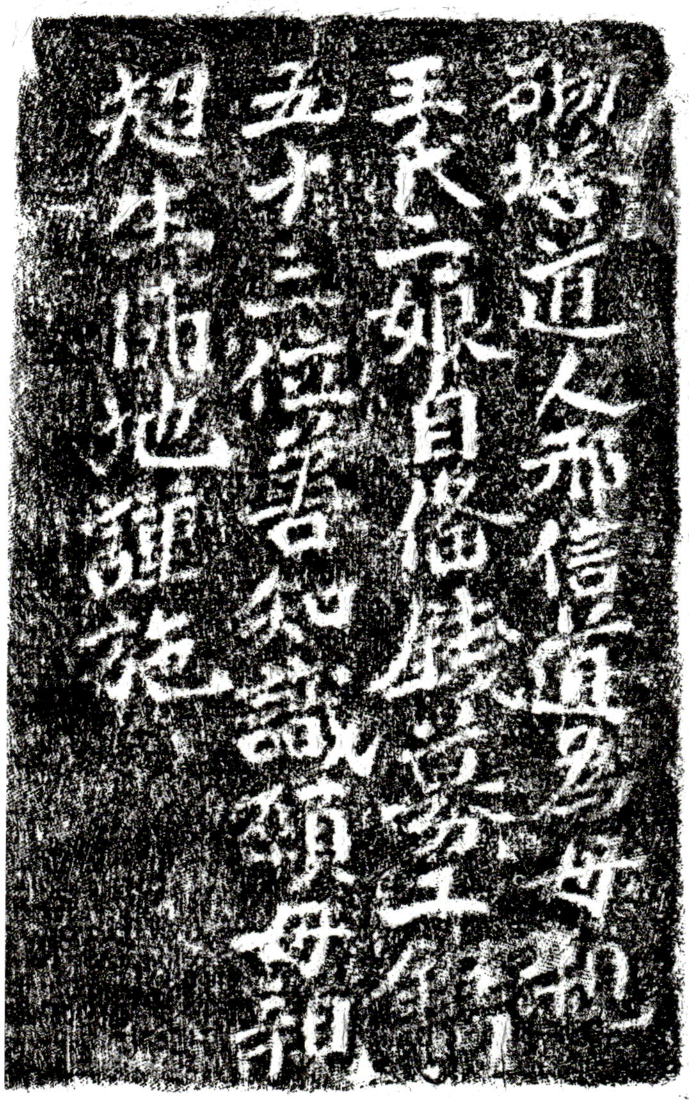

04　03　02　01

图版 42　第 24 号龛正壁右上方右侧邢信道镌造善财参礼宝髻长者龛题记

03　02　01

图版 43　第 26 号龛正壁左上方左侧邢信道镌造善财参礼婆须密女龛题记

03　02　01

图版 43　第 26 号龛正壁左上方左侧邢信道镌造善财参礼婆须密女龛题记

03 02 01

图版 44　第 26 号龛正壁左上方右侧邢信道镌造善财参礼婆须密女龛题记

03 02 01

图版 44　第 26 号龛正壁左上方右侧邢信道镌造善财参礼婆须密女龛题记

11 10 09 08 07 06 05 04 03 02 01

图版 45　第 28 号窟外上部佚名镌造阿弥陀佛龛题记

11 10 09 08 07 06 05 04 03 02 01

图版 45　第 28 号窟外上部佚名镌造阿弥陀佛龛题记

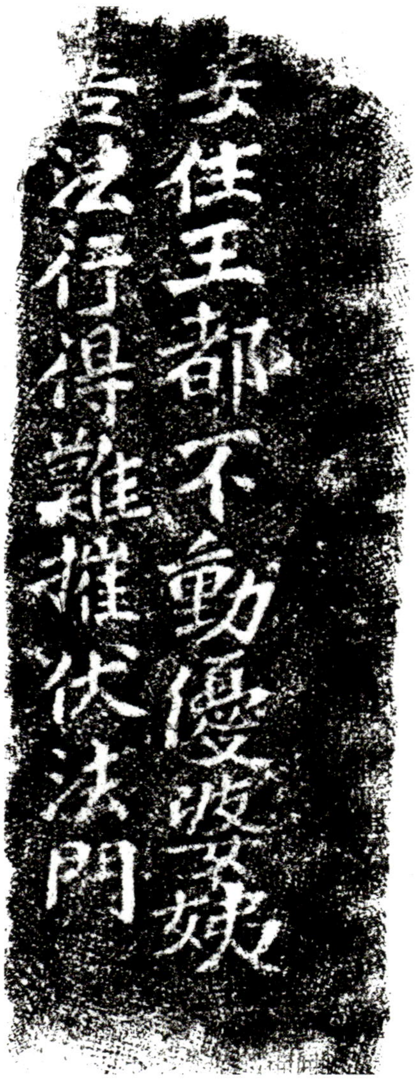

02 01

图版 46　第 32 号龛主尊左侧邢信道镌造善财参礼不动优婆姨龛题记

02 01

图版 46　第 32 号龛主尊左侧邢信道镌造善财参礼不动优婆姨龛题记

04 03 02 01

图版 47　第 32 号龛童子上部方框邢信道镌造善财参礼不动优婆夷龛题记

04 03 02 01

图版 47　第 32 号龛童子上部方框邢信道镌造善财参礼不动优婆夷龛题记

02 01

图版 48　第 34 号龛正壁童子像上部左方框邢信道镌造善财参礼师子频呻比丘龛题记

02 01

图版 48　第 34 号龛正壁童子像上部左方框邢信道镌造善财参礼师子频呻比丘龛题记

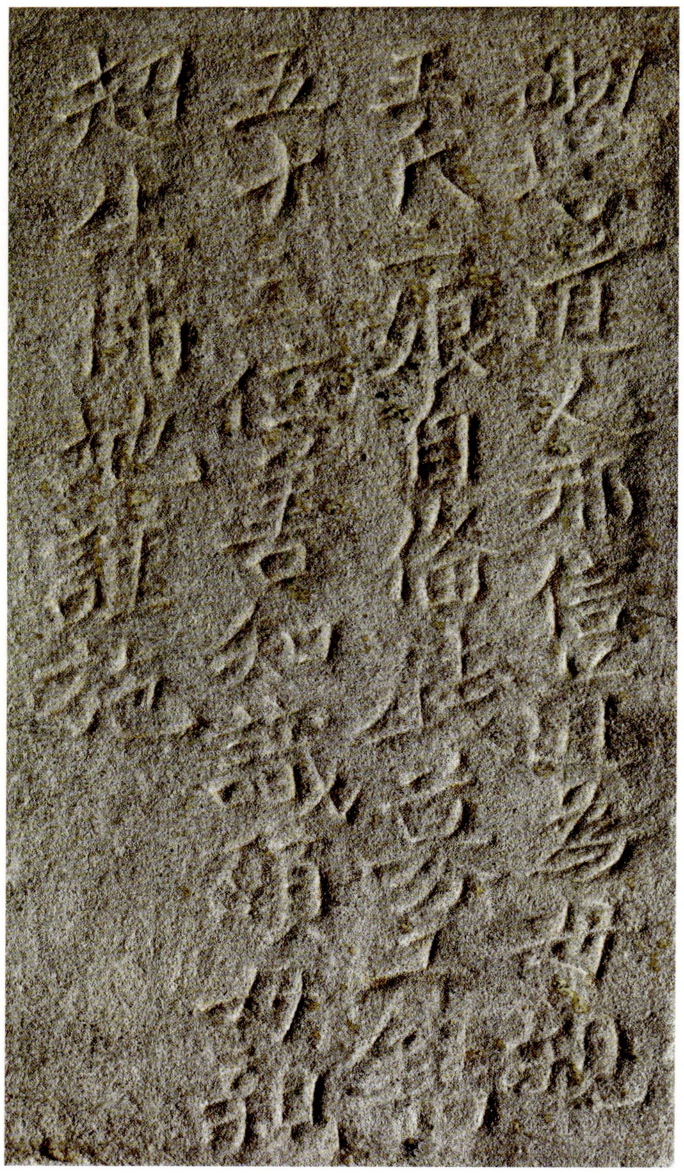

04 03 02 01

图版 49　第 34 号龛正壁童子像上部右方框邢信道镌造善财参礼师子频呻比丘龛题记

04 03 02 01

图版 49　第 34 号龛正壁童子像上部右方框邢信道镌造善财参礼师子频呻比丘龛题记

图版 50　第 35 号龛童子像上部方框邢信道镌造善财参礼大光王龛题记

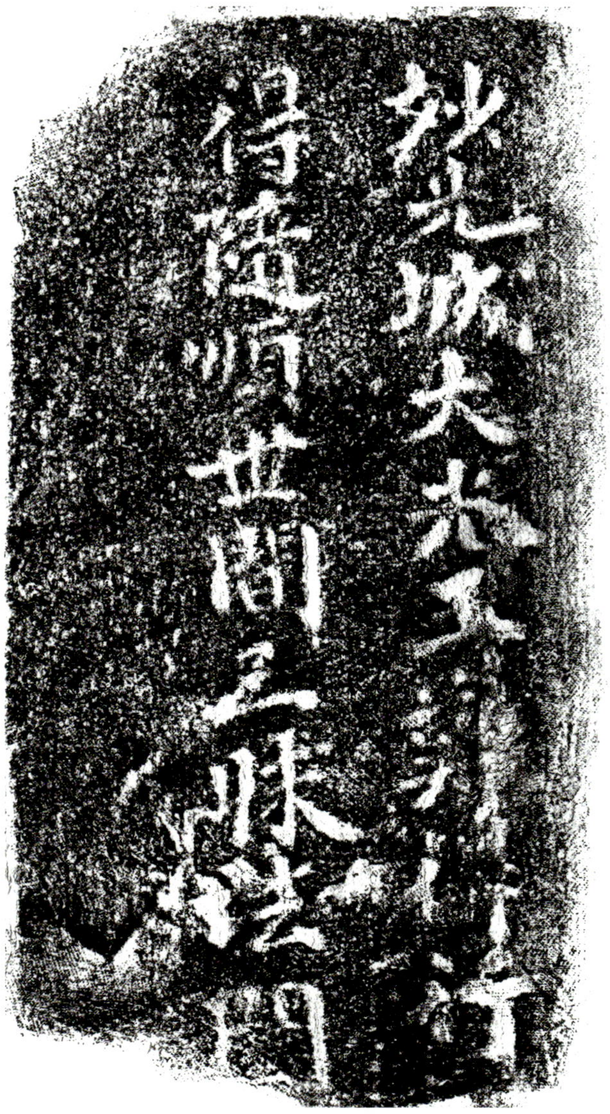

图版 50　第 35 号龛童子像上部方框邢信道镌造善财参礼大光王龛题记

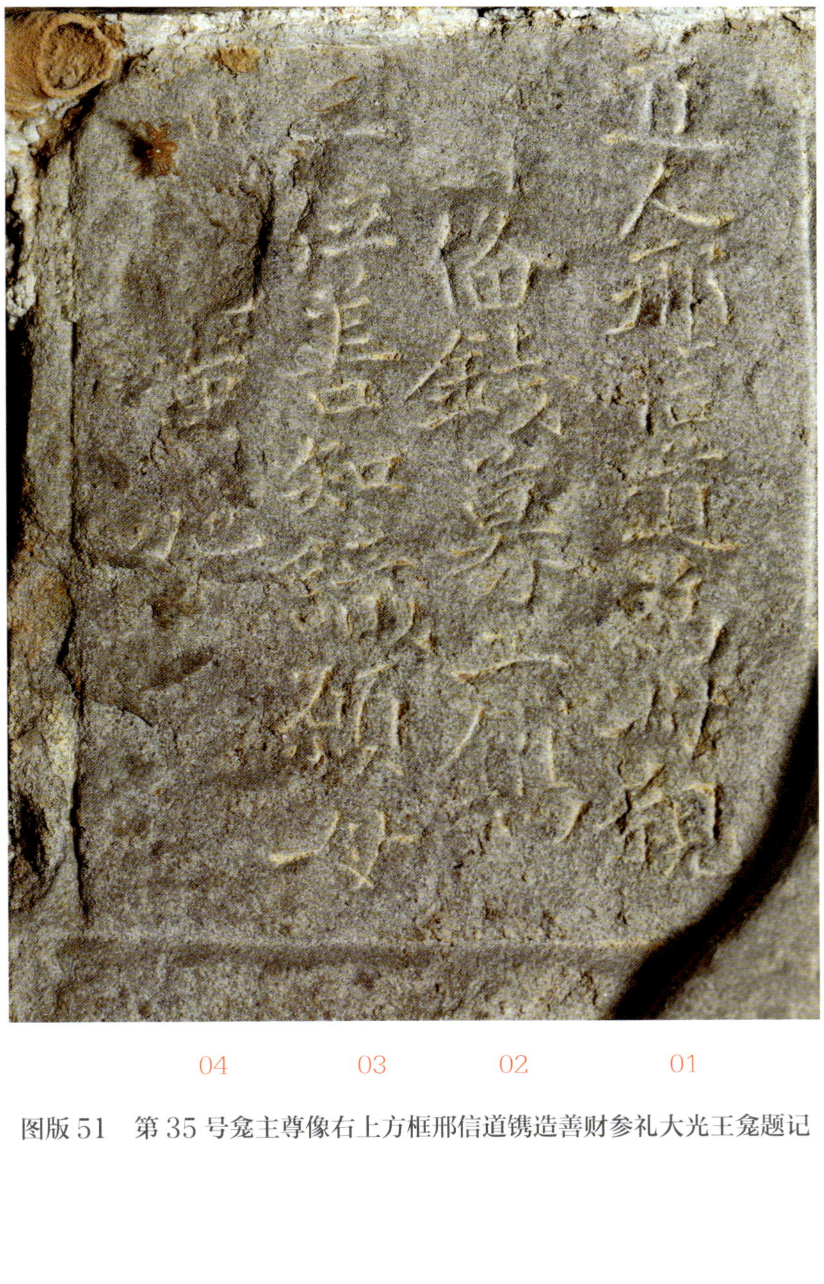

图版 51　第 35 号龛主尊像右上方框邢信道镌造善财参礼大光王龛题记

图版 51　第 35 号龛主尊像右上方框邢信道镌造善财参礼大光王龛题记

08 07 06 05 04 03 02 01

图版 52　第 36 号窟外上方□狐琳书镌造释迦佛龛题记

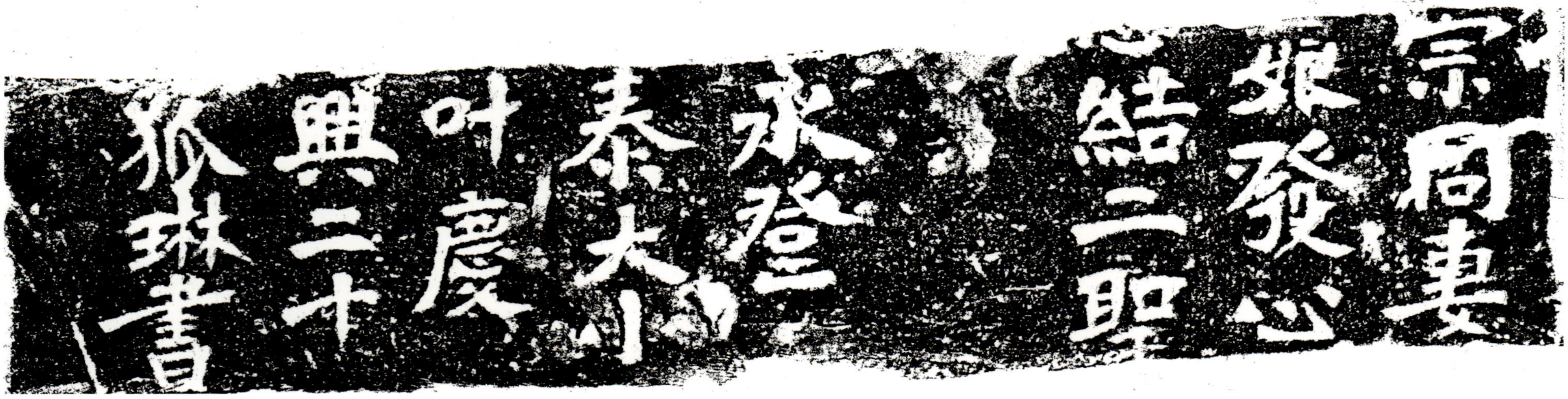

08 07 06 05 04 03 02 01

图版 52　第 36 号窟外上方□狐琳书镌造释迦佛龛题记

01 02 03 04 05

图版 53　第 37 号龛正壁邢信道镌造善财参礼婆珊婆演底夜神龛题记

01 02 03 04 05

图版 53　第 37 号龛正壁邢信道镌造善财参礼婆珊婆演底夜神龛题记

01 02

图版 54　第 38 号龛正壁右上方左框邢信道镌造善财参礼普德净光夜神龛题记

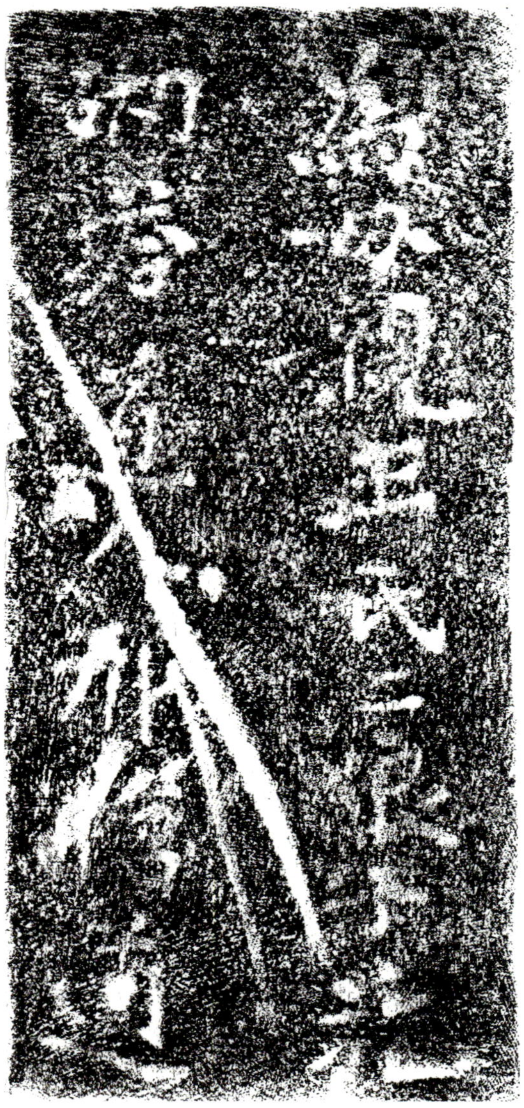

01 02

图版 54　第 38 号龛正壁右上方左框邢信道镌造善财参礼普德净光夜神龛题记

01 02

图版 55　第 38 号龛正壁右上方右框邢信道镌造善财参礼普德净光夜神龛题记

01 02

图版 55　第 38 号龛正壁右上方右框邢信道镌造善财参礼普德净光夜神龛题记

图版 56　第 39 号窟正壁左上角方框“泸南安抚都钤”题刻

图版 56　第 39 号窟正壁左上角方框“泸南安抚都钤”题刻

图版 57　第 39 号窟正壁右上角方框“冯大学施此圣容”题刻

图版 57　第 39 号窟正壁右上角方框“冯大学施此圣容”题刻

图版 58　第 39 号窟左壁左方框“泸南安抚都钤辖”题刻

图版 58　第 39 号窟左壁左方框“泸南安抚都钤辖”题刻

图版 59　第 39 号窟左壁右上角“冯大学供养圣容”题刻

图版 59　第 39 号窟左壁右上角“冯大学供养圣容”题刻

图版 60　第 39 号窟右壁左上角“泸南安抚都钤辖”题刻

图版 60　第 39 号窟右壁左上角“泸南安抚都钤辖”题刻

图版 61　第 39 号窟右壁右上角“冯大学供养圣容”题刻

图版 61　第 39 号窟右壁右上角“冯大学供养圣容”题刻

图版 62　第 40 号龛正壁邢信道镌造善财参礼精进力夜神龛题记

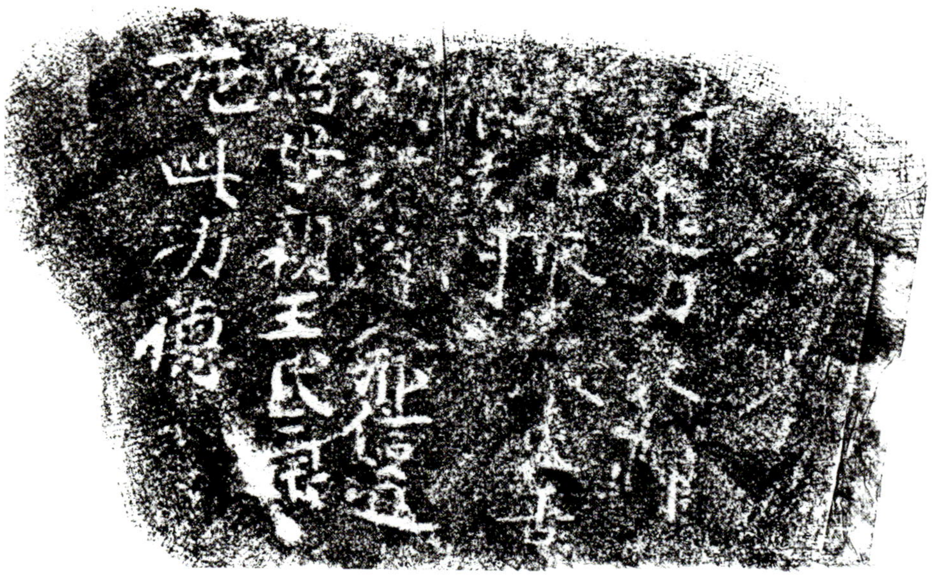

图版 62　第 40 号龛正壁邢信道镌造善财参礼精进力夜神龛题记

图版 63　第 41 号龛正壁“泸南安抚冯大学施”题刻

图版 63　第 41 号龛正壁“泸南安抚冯大学施”题刻

04 03 02 01

图版 64　第 42 号龛正壁邢信道镌造善财参礼树花夜神龛题记

04 03 02 01

图版 64　第 42 号龛正壁邢信道镌造善财参礼树花夜神龛题记

11 10 09 08 07 06 05 04 03 02 01

图版 65　第 43 号窟左壁任亮刊刻冯大学施钱造塔记

11 10 09 08 07 06 05 04 03 02 01

图版 65　第 43 号窟左壁任亮刊刻冯大学施钱造塔记

图版 66　第 45 号龛正壁“泸南安抚冯大学施”题刻

图版 66　第 45 号龛正壁“泸南安抚冯大学施”题刻

图版 67　第 47 号窟正壁左侧“泸南安抚都钤冯大学”题刻

图版 67　第 47 号窟正壁左侧“泸南安抚都钤冯大学”题刻

图版 68　第 47 号窟正壁右侧“陆层宝塔壹级仝”题刻

图版 68　第 47 号窟正壁右侧“陆层宝塔壹级仝”题刻

01　　02

图版 69　第 49 号龛童子像上部左框邢信道镌造善财参礼□生夜神龛题记

01　　02

图版 70　第 49 号龛童子像上部右框邢信道镌造善财参礼□生夜神龛题记

图版 71　第 50 号窟左壁立像“妙悟”题刻

图版 71　第 50 号窟左壁立像“妙悟”题刻

图版 72　第 50 号窟
右壁立像“女童妙明”题刻

图版 72　第 50 号窟
右壁立像“女童妙明”题刻

图版 73　第 50 号窟正壁左上角冯
大学造第陆层宝塔及造像全堂题记

图版 73　第 50 号窟正壁左上角冯
大学造第陆层宝塔及造像全堂题记

图版 74　第 50 号窟正壁右上角冯大学造第陆层宝塔及造像全堂题记

图版 74　第 50 号窟正壁右上角冯大学造第陆层宝塔及造像全堂题记

01　02

图版 75　第 51 号龛正壁刘睽镌造释迦佛龛题记

01　02

图版 75　第 51 号龛正壁刘睽镌造释迦佛龛题记

02　01

图版 76　第 54 号窟正壁左侧王堂镌造释迦佛题记

02　01

图版 76　第 54 号窟正壁左侧王堂镌造释迦佛题记

02　01

图版 77 第 54 号窟正壁右侧王堂镌造释迦佛题记

02　01

图版 77　第 54 号窟正壁右侧王堂镌造释迦佛题记（2015 年拓）

图版 78　第 54 号窟左壁王堂化众舍钱建塔第八级镌记及功德主题名

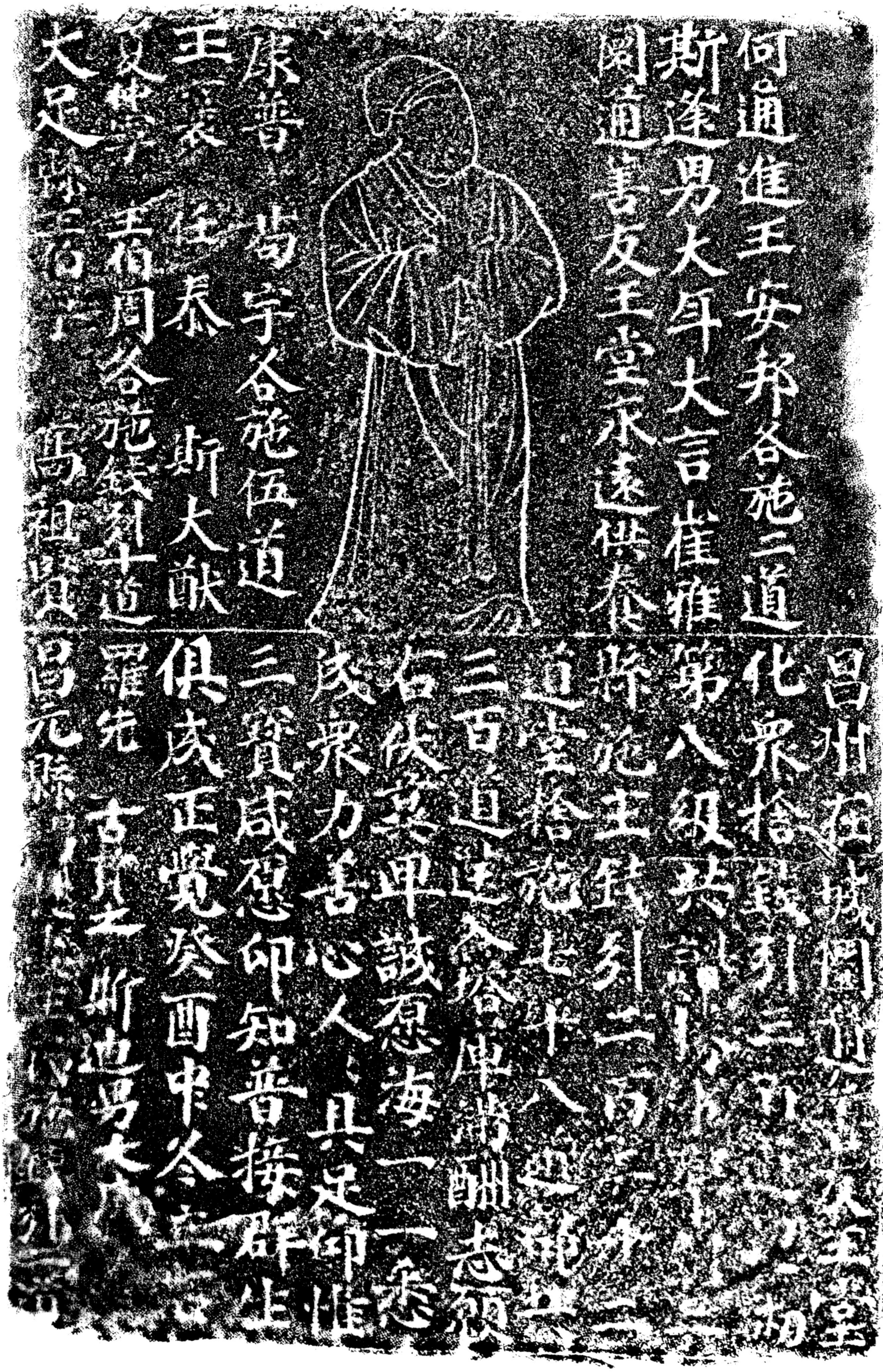

图版 78　第 54 号窟左壁王堂化众舍钱建塔第八级镌记及功德主题名

12 11 10 09 08 07 06 05 04 03 02 01

图版 79 第 54 号窟右壁第八级宝塔上舍钱施主题名

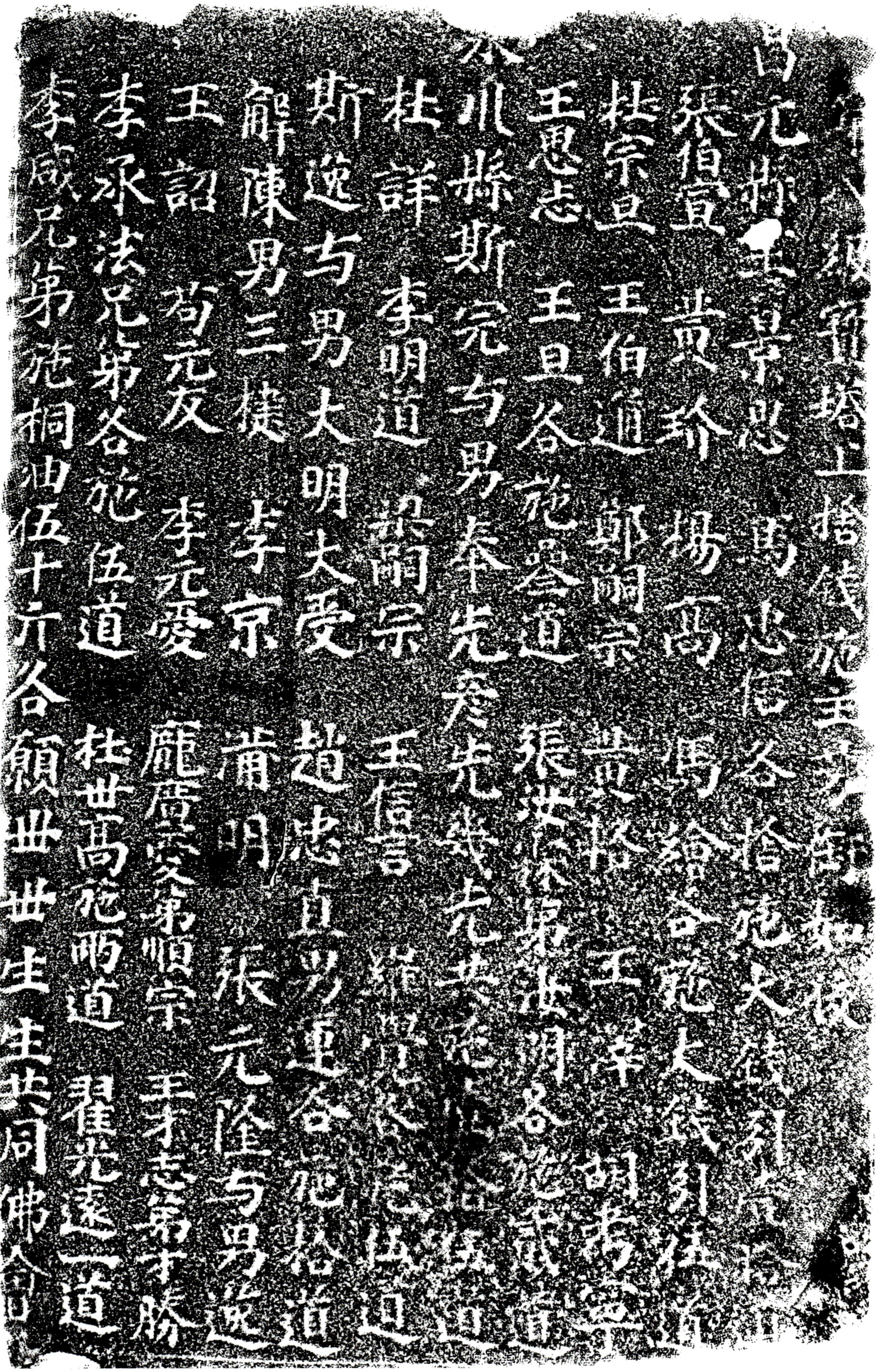

12 11 10 09 08 07 06 05 04 03 02 01

图版 79　第 54 号窟右壁第八级宝塔上舍钱施主题名

15 14 13 12 11 10 09 08 07 06 05 04 03 02 01

图版 80　第 55 号龛外上方汉卿等认砌第十一级宝塔镌记

图版 80　第 55 号龛外上方汉卿等认砌第十一级宝塔镌记

03 02 01

图版 81　第 56 号龛正壁邢信道镌造善财参礼贤圣优婆夷龛题记

03 02 01

图版 81　第 56 号龛正壁邢信道镌造善财参礼贤圣优婆夷龛题记

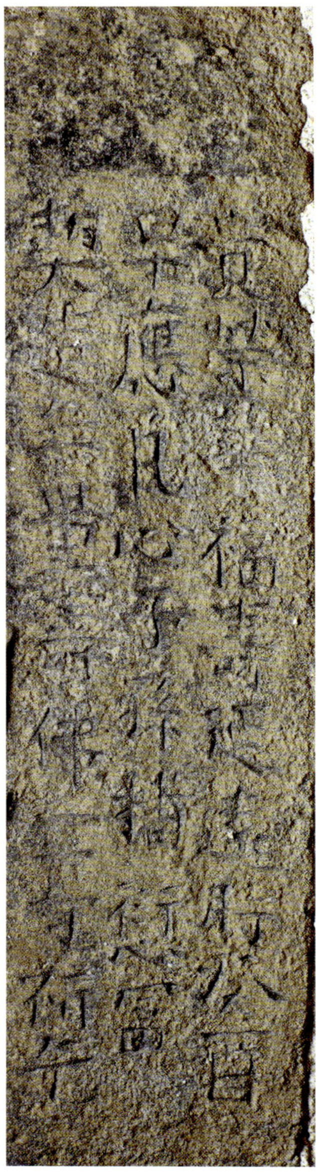

01 02 03

图版 82　第 57 号窟正壁左上方文陟造无量寿佛龛镌记

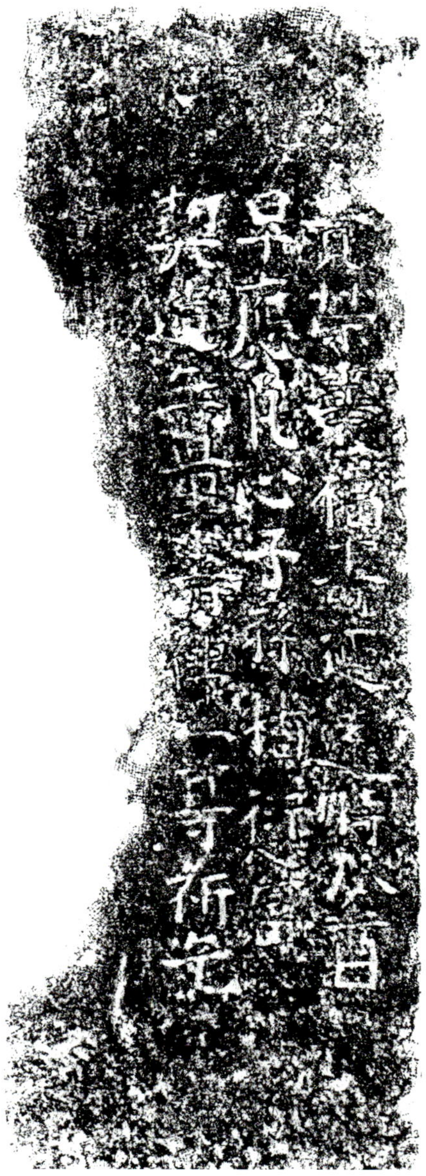

01 02 03

图版 82　第 57 号窟正壁左上方文陟造无量寿佛龛镌记

01 02 03

图版 83　第 57 号窟正壁右上方文陟造无量寿佛龛镌记

01 02 03

图版 83　第 57 号窟正壁右上方文陟造无量寿佛龛镌记

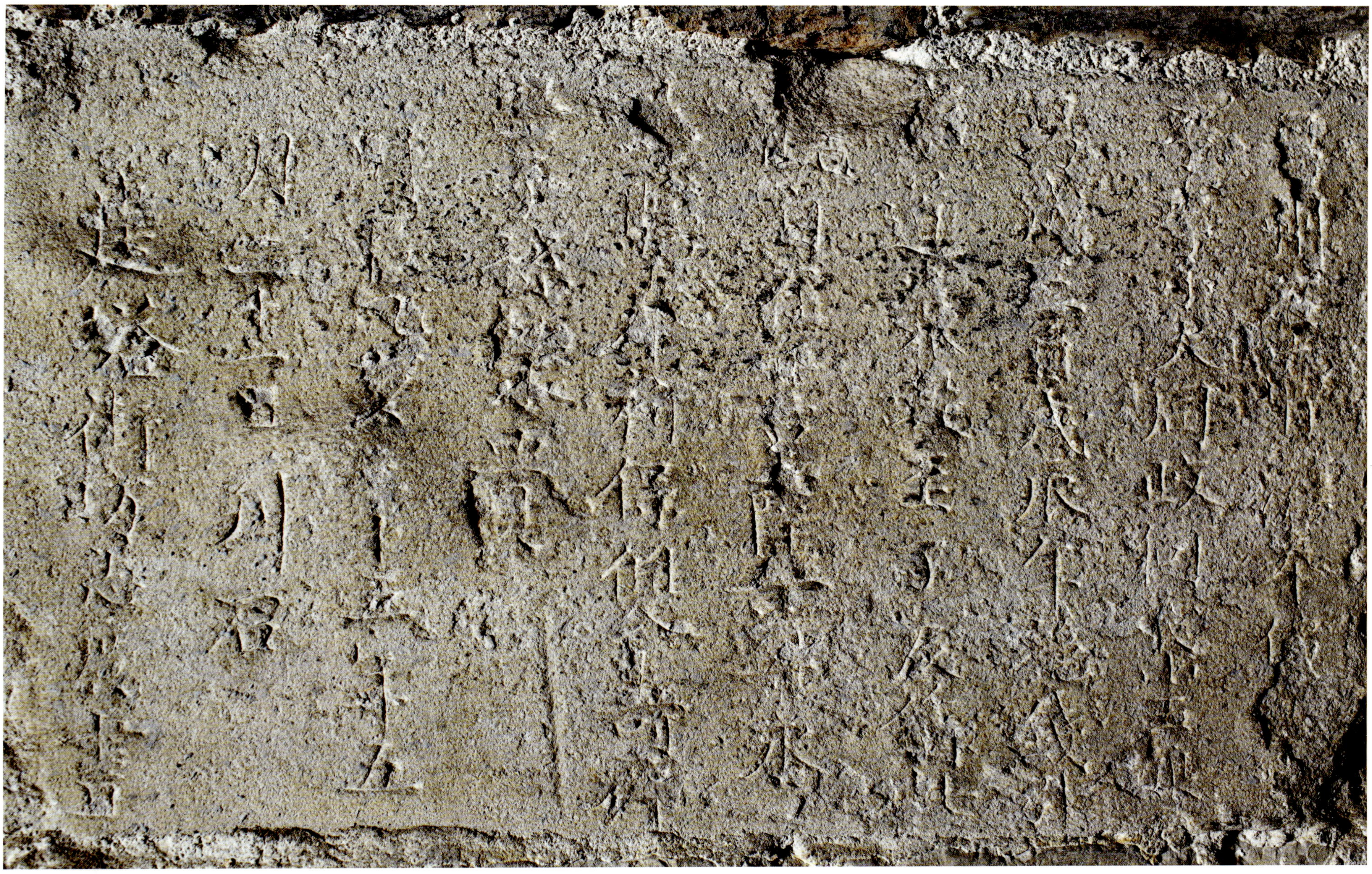

图版 84　第 58 号龛外上方李小大镌造观音龛题记

图版 84　第 58 号龛外上方李小大镌造观音龛题记

图版 85　第 59 号龛正壁邢信道镌造善财参礼最寂静婆罗门龛题记

图版 85　第 59 号龛正壁邢信道镌造善财参礼最寂静婆罗门龛题记

图版 86　第 60 号窟正壁右上方框佚名造释迦佛龛残镌记

图版 86　第 60 号窟正壁右上方框佚名造释迦佛龛残镌记

14 13 12 11 10 09 08 07 06 05 04 03 02 01

图版 87　第 60 号窟左壁刘杰造龙树菩萨及施铁索镌记

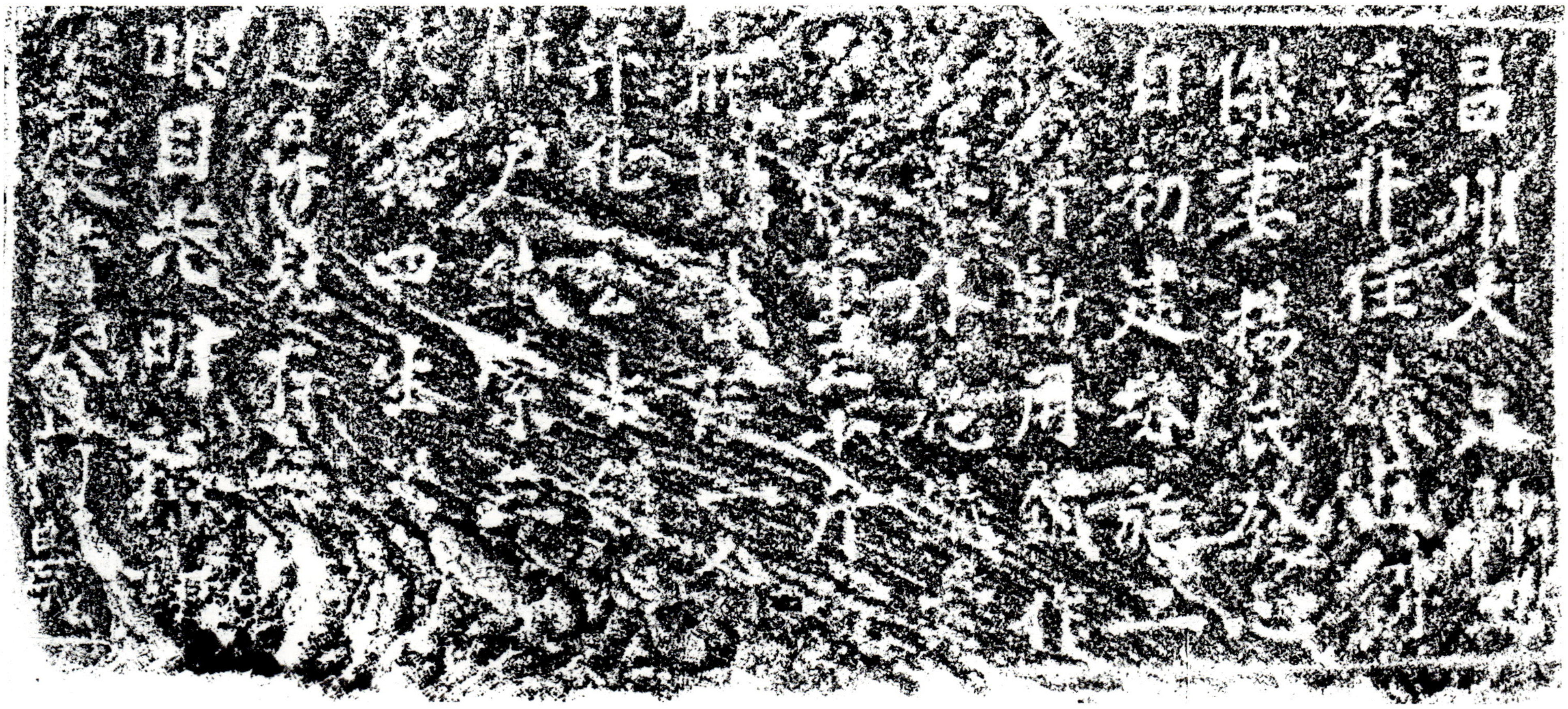

14 13 12 11 10 09 08 07 06 05 04 03 02 01

图版 87　第 60 号窟左壁刘杰造龙树菩萨及施铁索镌记

01　02　03

图版 88　第 60 号窟右壁昝彦造地藏菩萨镌记

01　02　03

图版 88　第 60 号窟右壁昝彦造地藏菩萨镌记

图版 89　第 60 号窟外上方伏小八匠师题名

图版 89　第 60 号窟外上方伏小八匠师题名

图版 90　第 64 号窟外上方伏小八匠师题名

图版 90　第 64 号窟外上方伏小八匠师题名

26 25 24 23 22 21 20 19 18 17 16 15 14 13 12 11 10 09 08 07 06 05 04 03 02 01

图版 91　第 64 号窟外上方浅龛佚名造涅槃窟题记

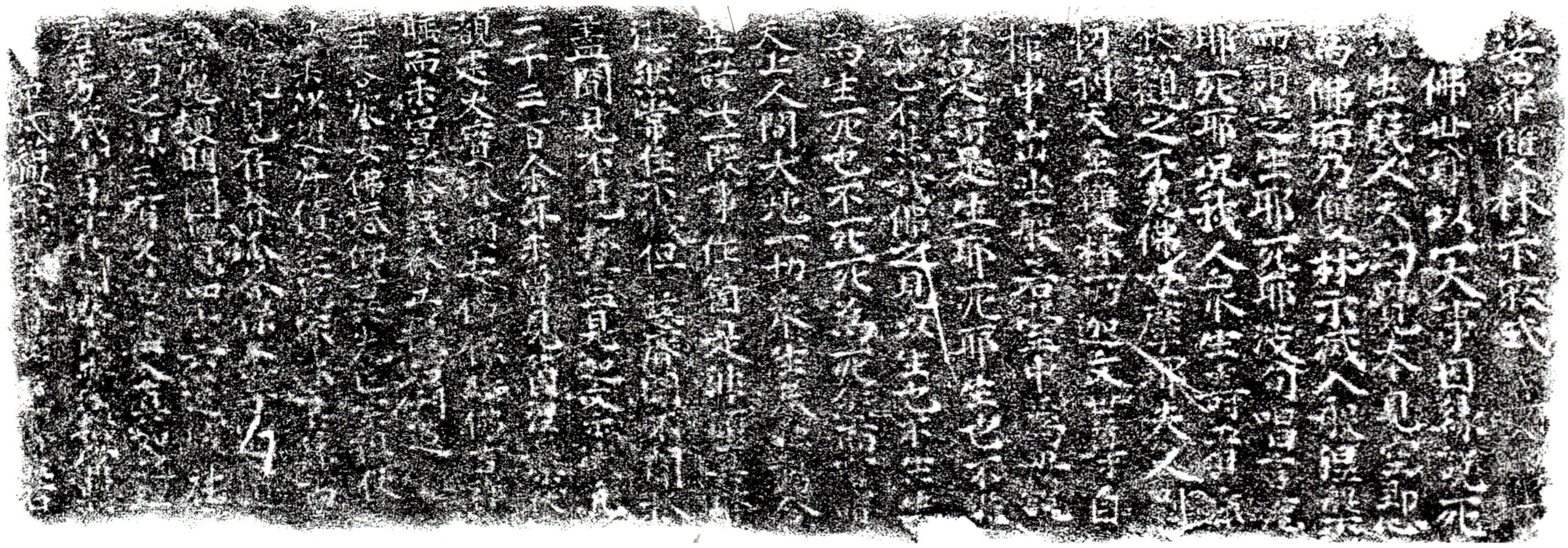

26 25 24 23 22 21 20 19 18 17 16 15 14 13 12 11 10 09 08 07 06 05 04 03 02 01

图版 91　第 64 号窟外上方浅龛佚名造涅槃窟题记

04 03 02 01

图版 92 第 66 号龛正壁邢信道镌造善财参礼遍友童子师龛题记

04 03 02 01

图版 92 第 66 号龛正壁邢信道镌造善财参礼遍友童子师龛题记

04 03 02 01

图版 93 第 67 号龛正壁左上方周圆晖造像残记

04 03 02 01

图版 93 第 67 号龛正壁左上方周圆晖造像残记

05 04 03 02 01

图版 94　第 67 号龛正壁右上方周圆晖造像残记

05 04 03 02 01

图版 94　第 67 号龛正壁右上方周圆晖造像残记

图版 95　第 67 号龛正壁上方砖面周圆晖题名

图版 95　第 67 号龛正壁上方砖面周圆晖题名

图版 96　第 71 号龛桂天培等培修多宝塔题名

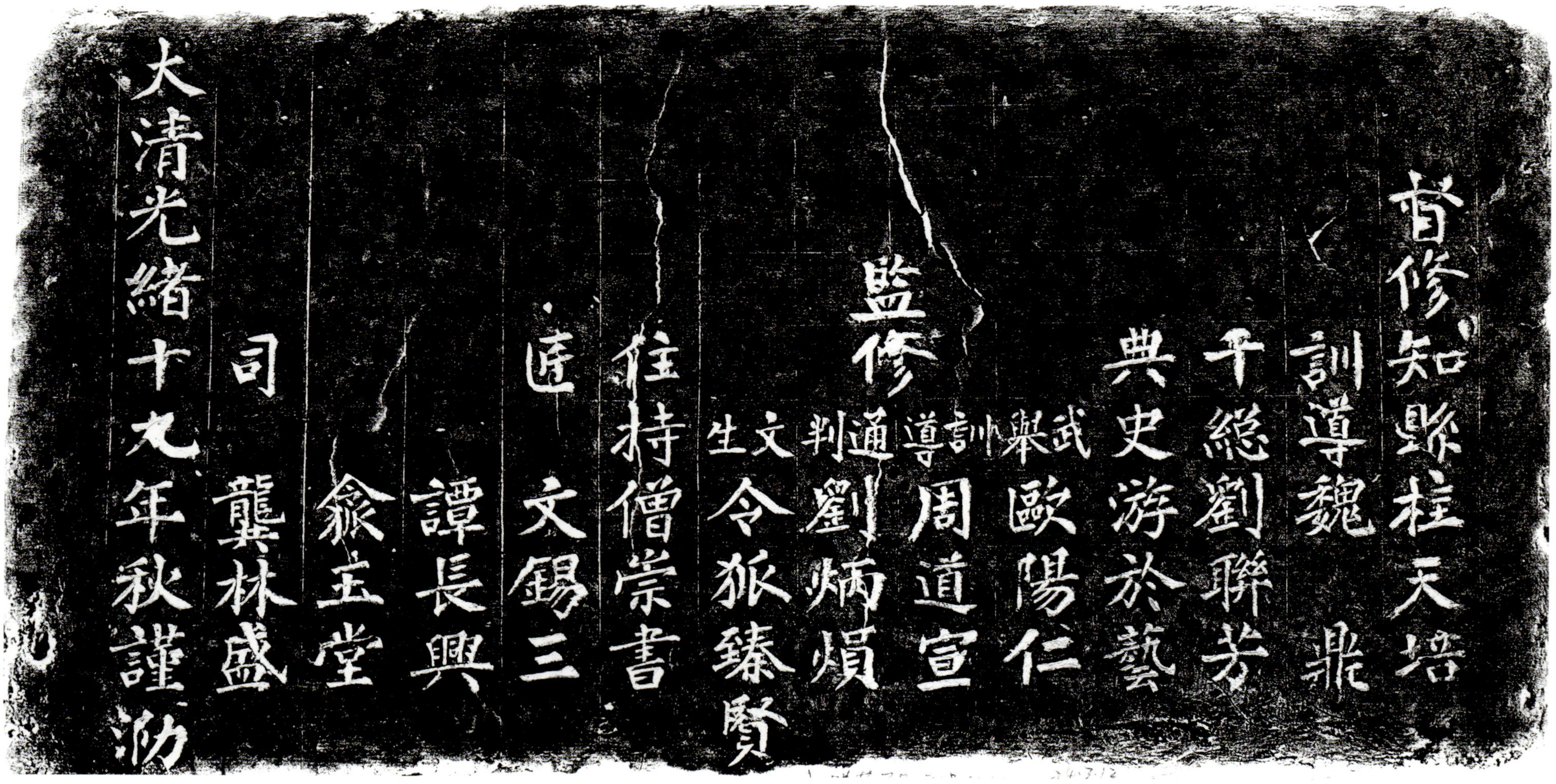

图版 96　第 71 号龛桂天培等培修多宝塔题名

图版 97　第 73 号龛桂天培等培修多宝塔题名

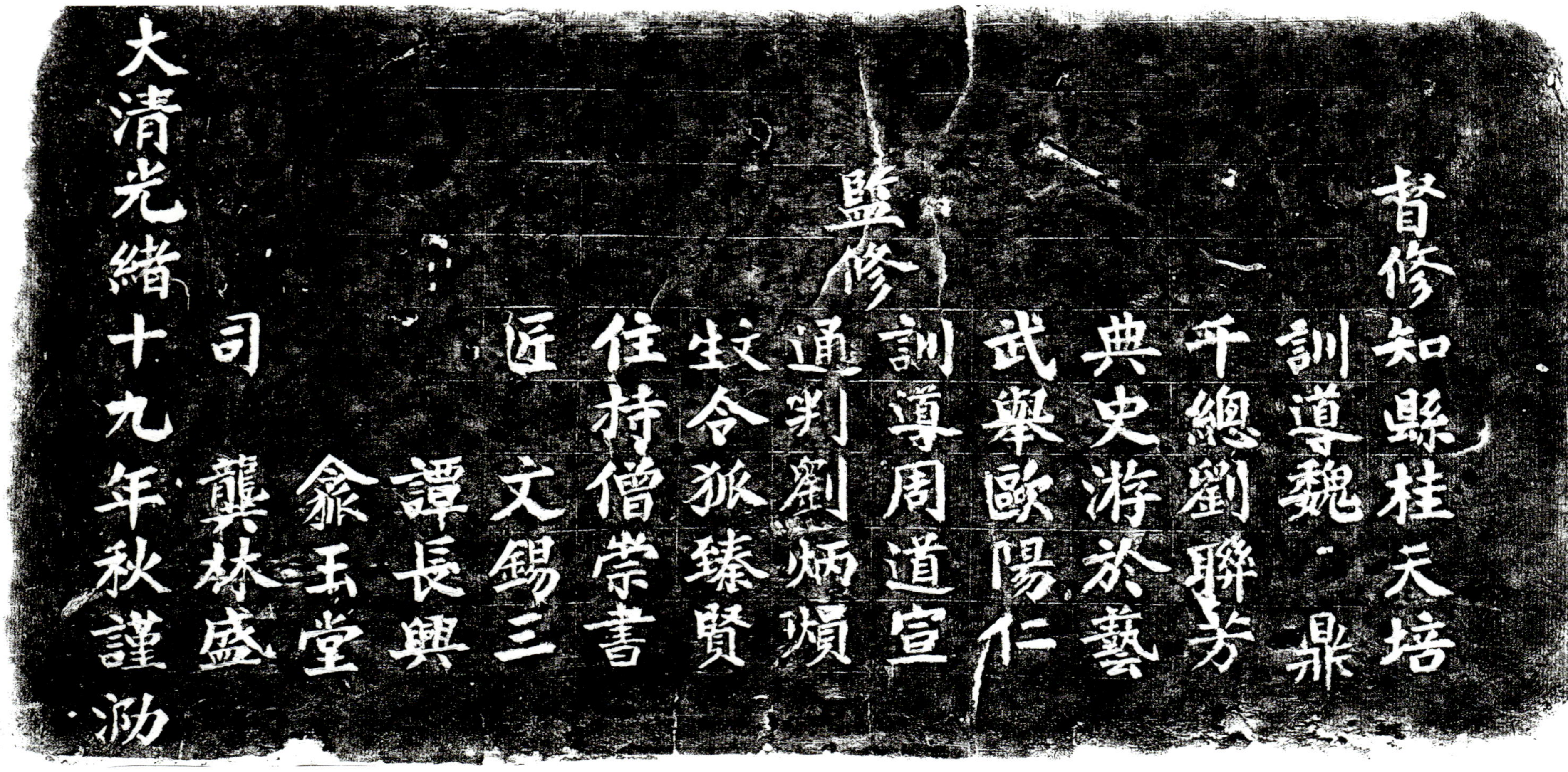

督修知縣桂天培
訓導魏鼎
千總劉聯芳
典史游於藝
武舉歐陽仁
監修訓導周道宣
通判劉炳頊
牧令孫臻賢
住持僧崇書
匠文錫三
譚長興
僉玉堂
司龔林盛
大清光緒十九年秋謹泐

图版 97　第 73 号龛桂天培等培修多宝塔题名

图版 98　第 76 号龛桂天培等培修多宝塔题名

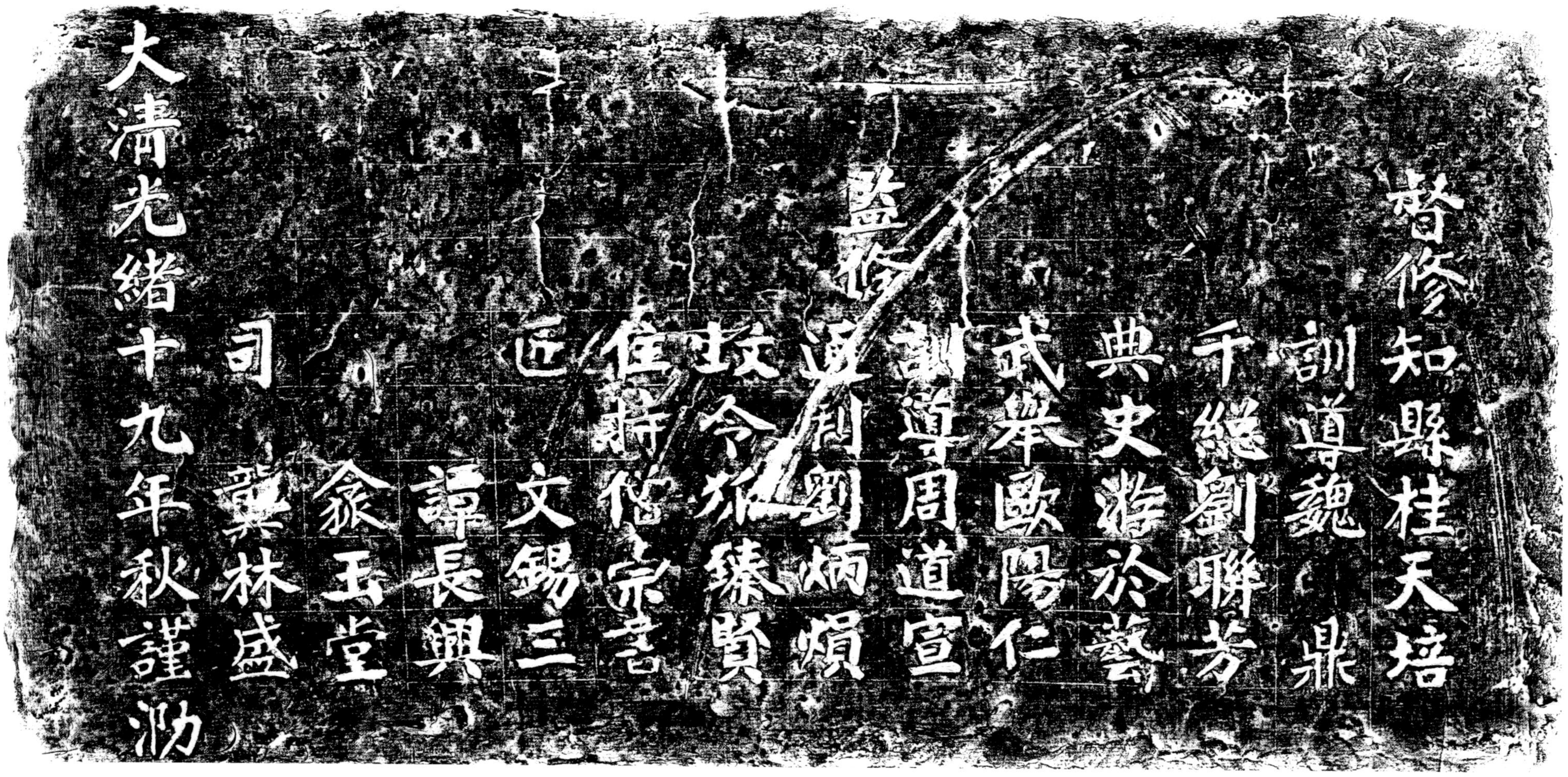
督修知縣桂天培
訓導魏　鼎
千總劉聯芳
典史游於藝
武舉歐陽仁
訓導周道宣
監修
通判劉炳煩
技文令狐臻賢
住持僧宗書
匠　文錫三
譚長興
僉玉堂
司　龔林盛
大清光緒十九年秋謹泐

图版 98　第 76 号龛桂天培等培修多宝塔题名

图版 99　第 78 号龛僧成书培修多宝塔记

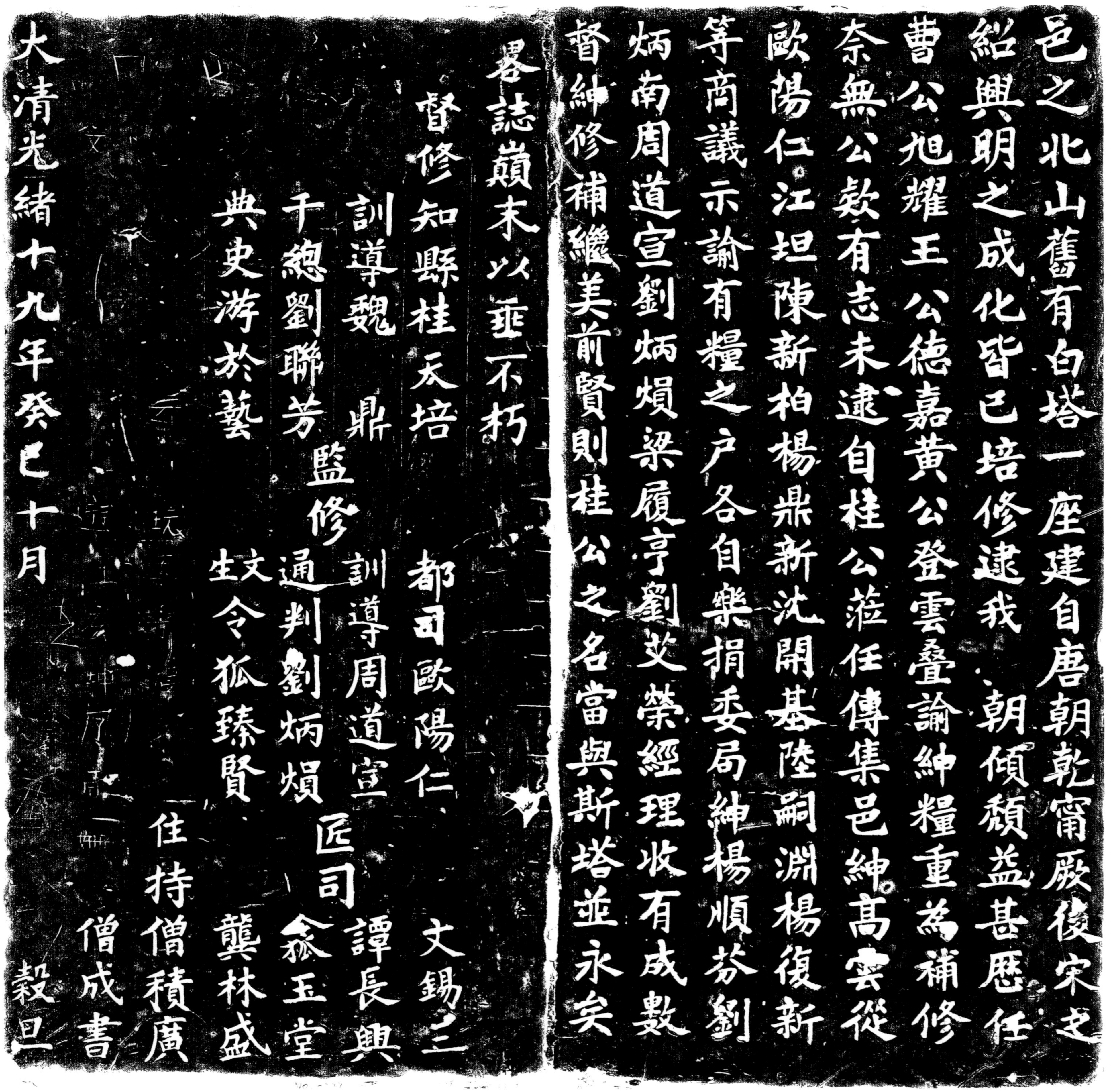

邑之北山舊有白塔一座建自唐朝乾甯厥後宋之
紹興明之成化皆已培修逮我　朝傾頹益甚歷任
曹公旭耀王公德嘉黃公登雲疊諭紳糧重爲補修
奈無公欵有志未逮自桂公蒞任傳集邑紳高雲從
歐陽仁江坦陳新柏楊鼎新沈開基陸嗣淵楊復新
等商議示諭有糧之户各自樂捐委局紳楊順芬劉
炳南周道宣劉炳熉梁履亨劉艾榮經理收有成數
督紳修補繼美前賢則桂公之名當與斯塔並永矣
略誌巔末以垂不朽

督修知縣桂天培　　都司歐陽仁　　文錫三
訓導魏　鼎　　訓導周道宣　　譚長興
千總劉聯芳　監修　通判劉炳熉　匠司　⿱人孫玉堂
典史游於藝　　文生令狐臻賢　　龔林盛
住持僧積廣
僧成書

大清光緒十九年癸巳十月　穀旦

图版 99　第 78 号龛僧成书培修多宝塔记

图版100　第79号龛僧成书培修多宝塔记

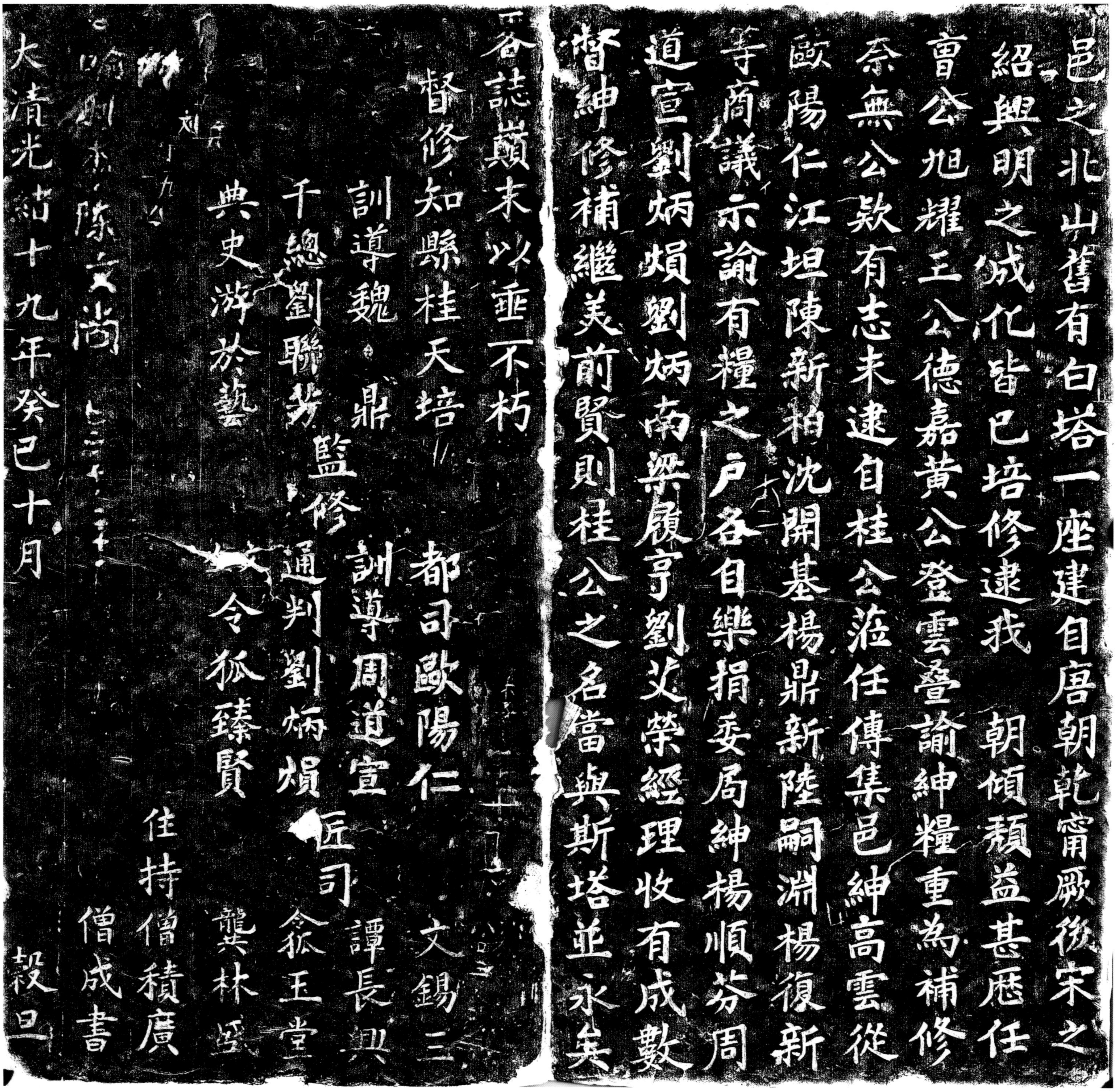
邑之北山舊有白塔一座建自唐朝乾甯厥後宋之
紹興明之成化皆已培修逮我 朝傾頹益甚歷任
曾公旭耀王公德嘉黃公登雲疊諭紳糧重為補修
奈無公欵有志未逮自桂公涖任傳集邑紳高雲從
歐陽仁江垣陳新柏沈開基楊鼎新陸嗣淵楊復新
等商議示諭有糧之户各自樂捐委局紳楊順芬周
道宣劉炳煃劉炳南梁履亨劉爻榮經理收有成數
督紳修補繼美前賢則桂公之名當與斯塔並永矣
略誌巔末以垂不朽
督修知縣桂天培
都司歐陽仁
文錫三
訓導魏 鼎
訓導周道宣
譚長興
千總劉聯芳
監修
通判劉炳煃
匠司
令狐王堂
典史游於藝
文令狐臻賢
龔林盛
住持僧積廣
喻則杰陳文尚
僧成書
大清光緒十九年癸巳十月
穀旦

图版 100　第 79 号龛僧成书培修多宝塔记

图版 101　第 80 号龛僧成书培修多宝塔记

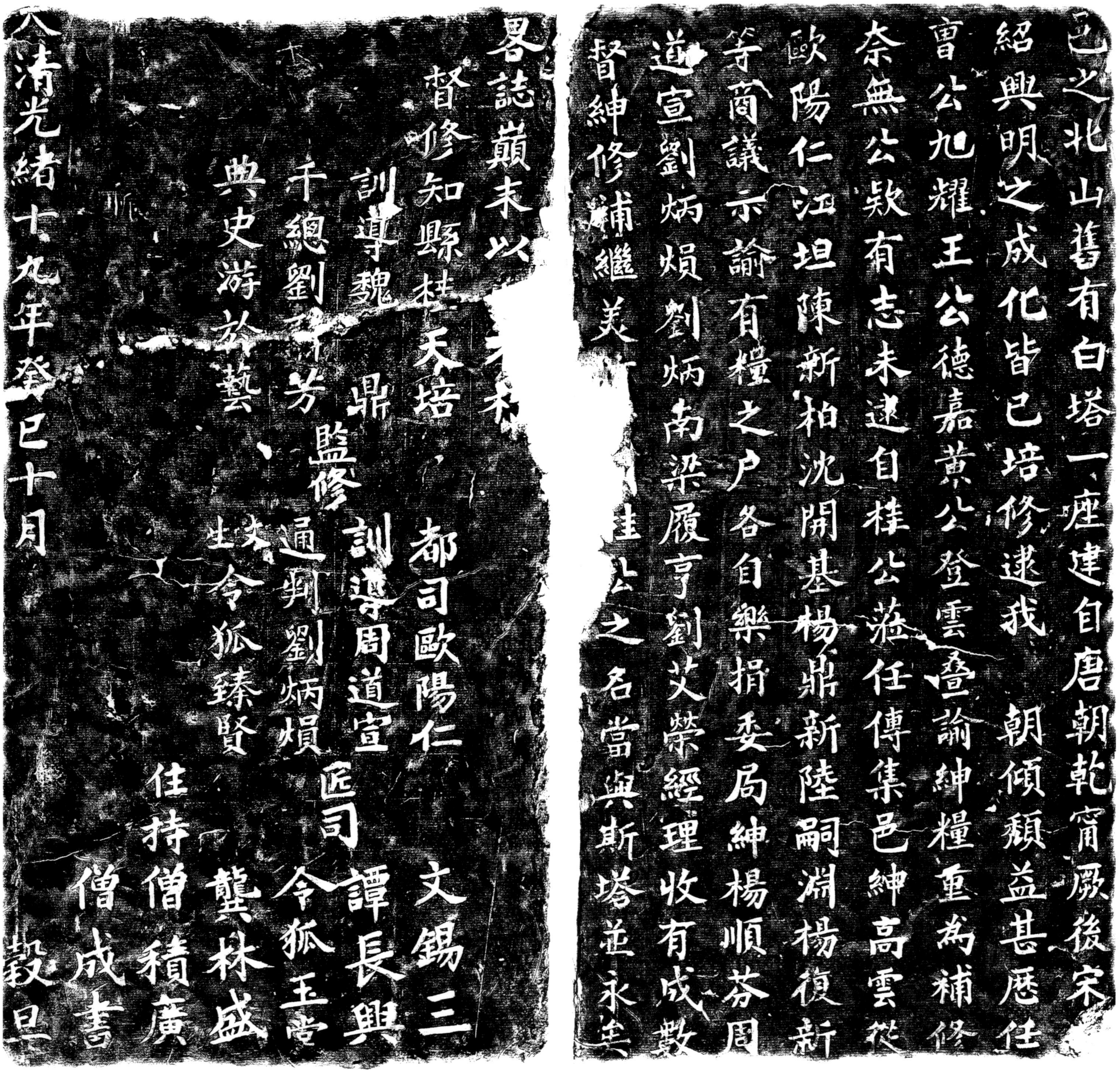

邑之北山舊有白塔一座建自唐朝乾甯厥後宋
紹興明之成化皆已培修逮我 朝傾頹益甚歷任
曾公九耀王公德嘉黄公登雲疊諭紳糧重為補修
奈無公款有志未逮自桂公蒞任傳集邑紳高雲從
歐陽仁江坦陳新柏沈開基楊鼎新陸嗣淵楊復新
等商議示諭有糧之户各自樂捐委局紳楊順芬周
道宣劉炳熉劉炳南梁履亨劉艾榮經理收有成數
督紳修補繼美[illegible]桂公之名當與斯塔並永矣
畧誌巔末以[illegible]
督修知縣桂天培　都司歐陽仁　文錫三
訓導魏鼎　訓導周道宣　譚長興
千總劉[illegible]芳　監修　通判劉炳熉　匠司令狐玉堂
典史游於藝　生文令狐臻賢　龔林盛
住持僧積廣
僧成書
大清光緒十九年癸巳十月　穀旦

图版101　第80号龛僧成书培修多宝塔记

14 13 12 11 10 09 08 07 06 05 04 03 02 01

图版 102　第 80-1 号龛重庆大足石刻艺术博物馆立"培修多宝塔记"

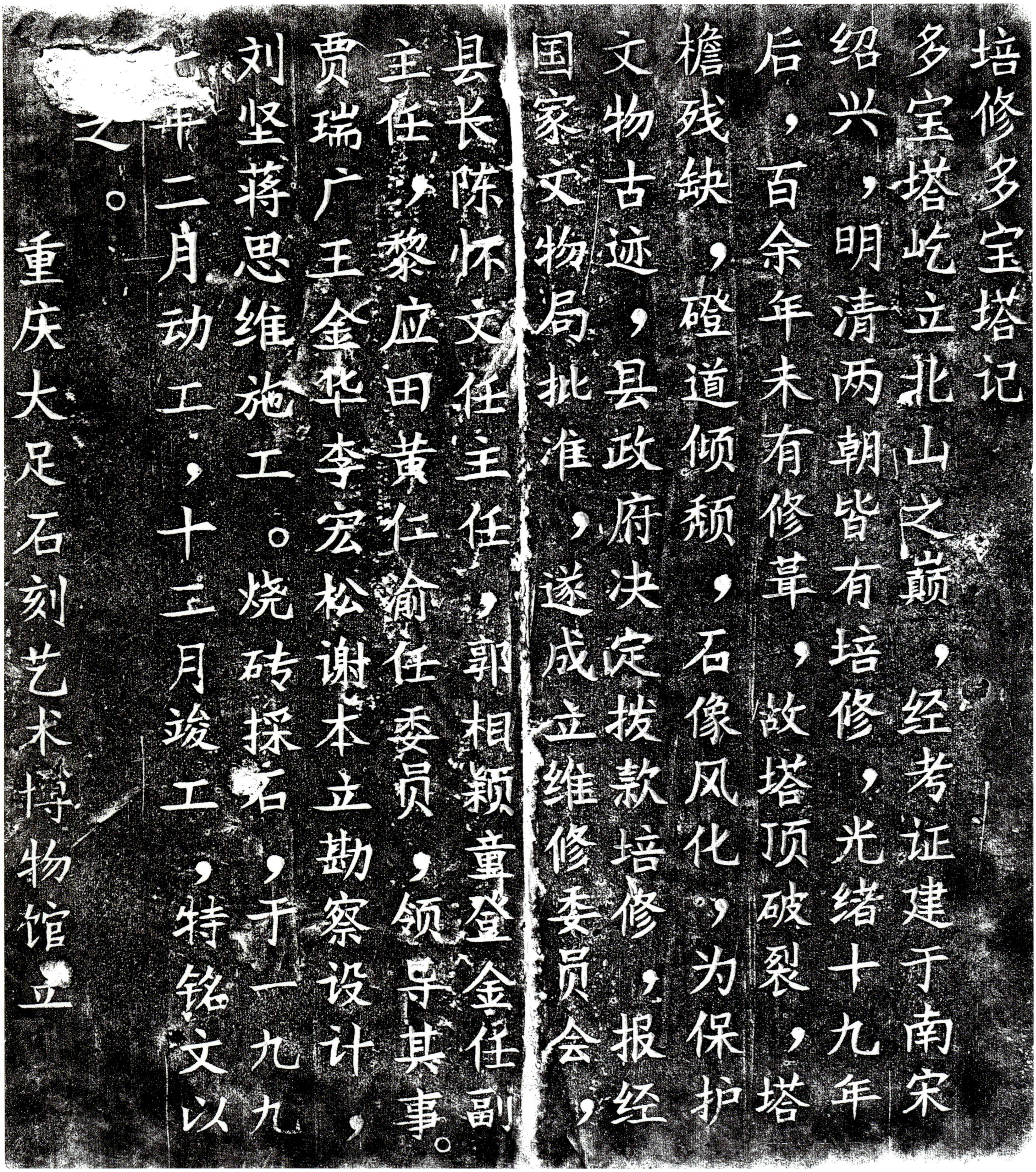
培修多宝塔记

多宝塔屹立北山之巅，经考证建于南宋绍兴，明清两朝皆有培修，光绪十九年后，百余年未有修葺，故塔顶破裂，塔檐残缺，磴道倾颓，石像风化，为保护文物古迹，县政府决定拨款培修，报经国家文物局批准，遂成立维修委员会，县长陈怀文任主任，郭相颖童登金任副主任，黎应田黄仁渝任委员，领导其事。贾瑞广王金华李宏松谢本立勘察设计，刘坚蒋思维施工。烧砖採石，于一九九七年二月动工，十二月竣工，特铭文以之。

重庆大足石刻艺术博物馆立

图版 102　第 80-1 号龛重庆大足石刻艺术博物馆立“培修多宝塔记”（2015 年拓）

03　02　　01

图版 103　第 116 号窟正壁左上角王安镌造千手观音龛镌记

02　　01

图版 104　第 116 号窟正壁右上角王安镌造千手观音龛镌记

02　　01

图版 105　第 117 号龛正壁左上方框邢信道镌造善财童子五十三参像龛镌记

04　　03　02　　01

图版 106　第 117 号龛正壁右上方框邢信道镌造善财童子五十三参像龛镌记

图版 107　第 118 号龛正壁左上部左右框邢信道镌造善财童子五十三参像龛镌记

05　04　03　02　01

图版 108　第 119 号龛正壁左上角佚名造药师经变残镌记

04　03　02　01

图版 109　第 119 号龛正壁右上角佚名造药师经变残镌记

图版 110　第 120 号龛正壁左上方邢信道镌造善财童子五十三参像龛镌记

05　04　03　02　01

图版 111　第 122 号窟正壁左上角佚名造玉印观音残镌记

03　02　01

图版 112　第 122 号窟正壁右上角佚名造玉印观音残镌记

11 10 09 08 07 06 05 04 03 02 01

图版 113　第 128 号窟左壁王慈济造释迦佛镌记

11 10 09 08 07 06 05 04 03 02 01

图版 113　第 128 号窟左壁王慈济造释迦佛镌记

07　06　05　04　03　02　01

图版 114　第 128 号窟右壁王慈济自赞文

07　06　05　04　03　02　01

图版 114　第 128 号窟右壁王慈济自赞文

04 03 02 01

图版119 “乙卯修路”题刻

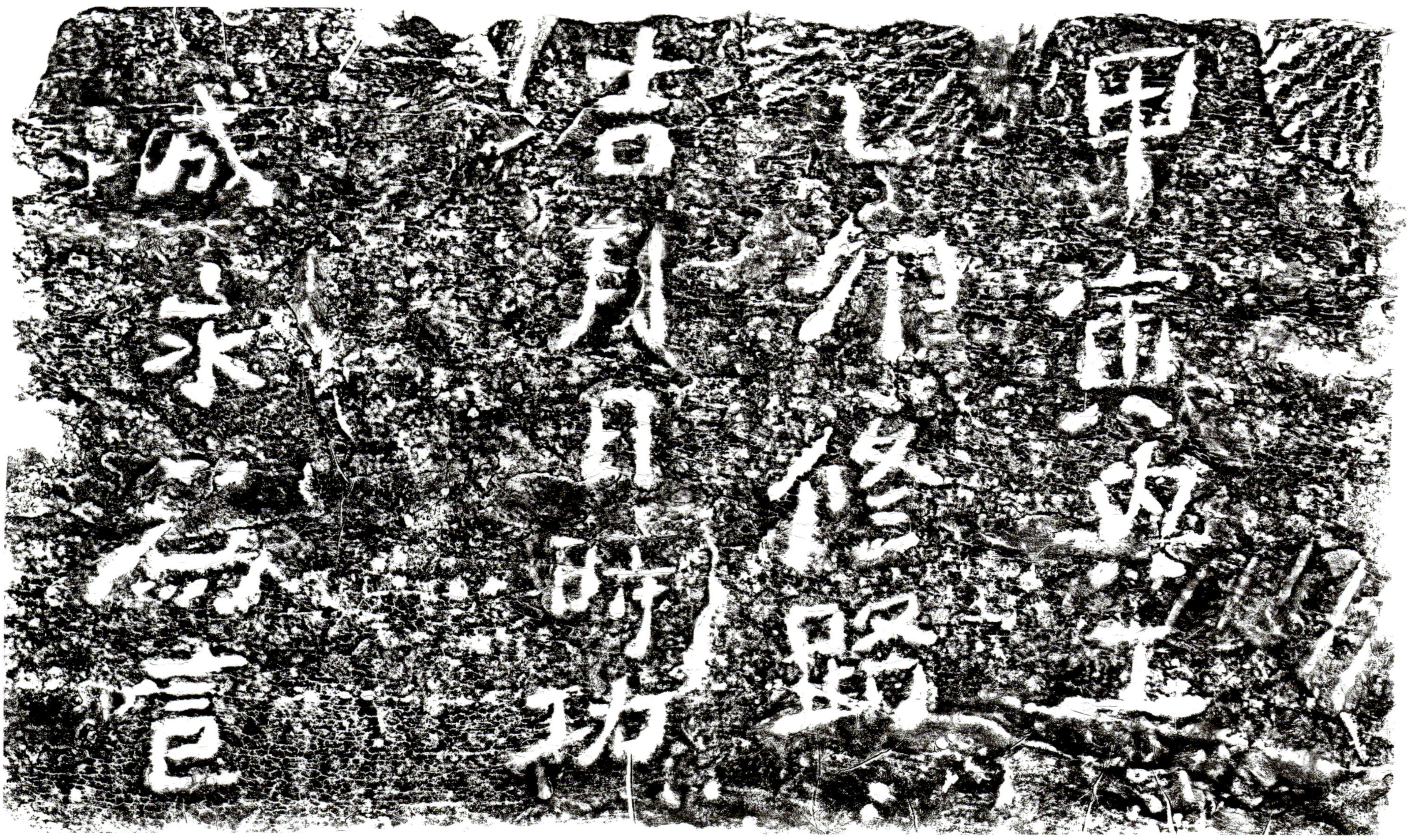

04 03 02 01

图版119 “乙卯修路”题刻

图版 120　一碗水观音阁“一点心”题刻

图版 120　一碗水观音阁“一点心”题刻

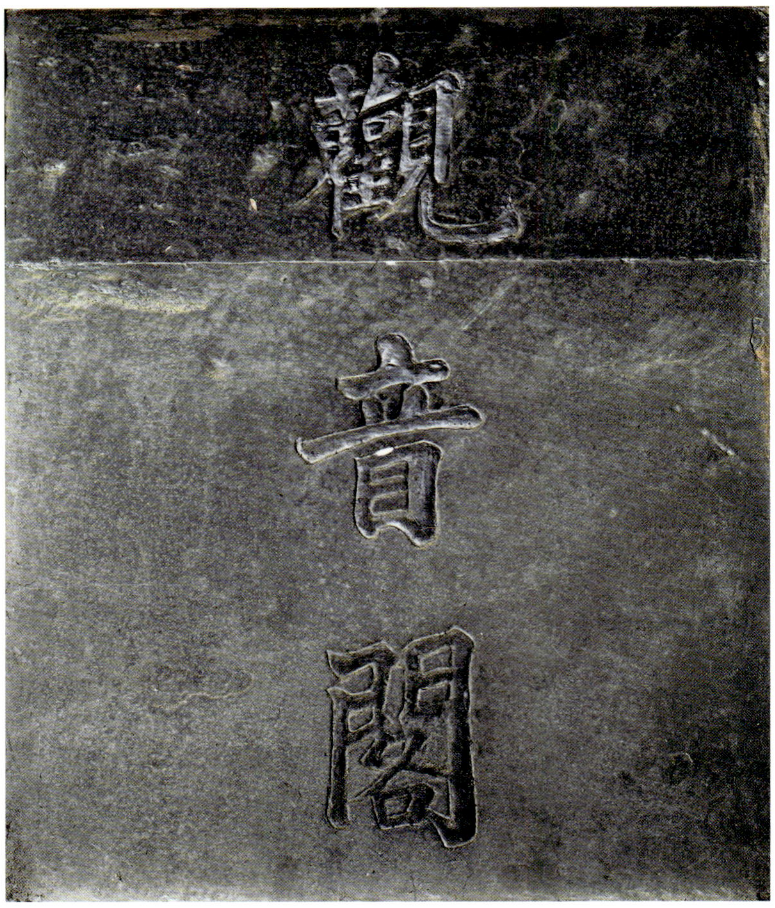

图版 121　一碗水“观音阁”牌坊题名

图版 121　一碗水“观音阁”牌坊题名

图版 122　一碗水观音龛龛沿楹联

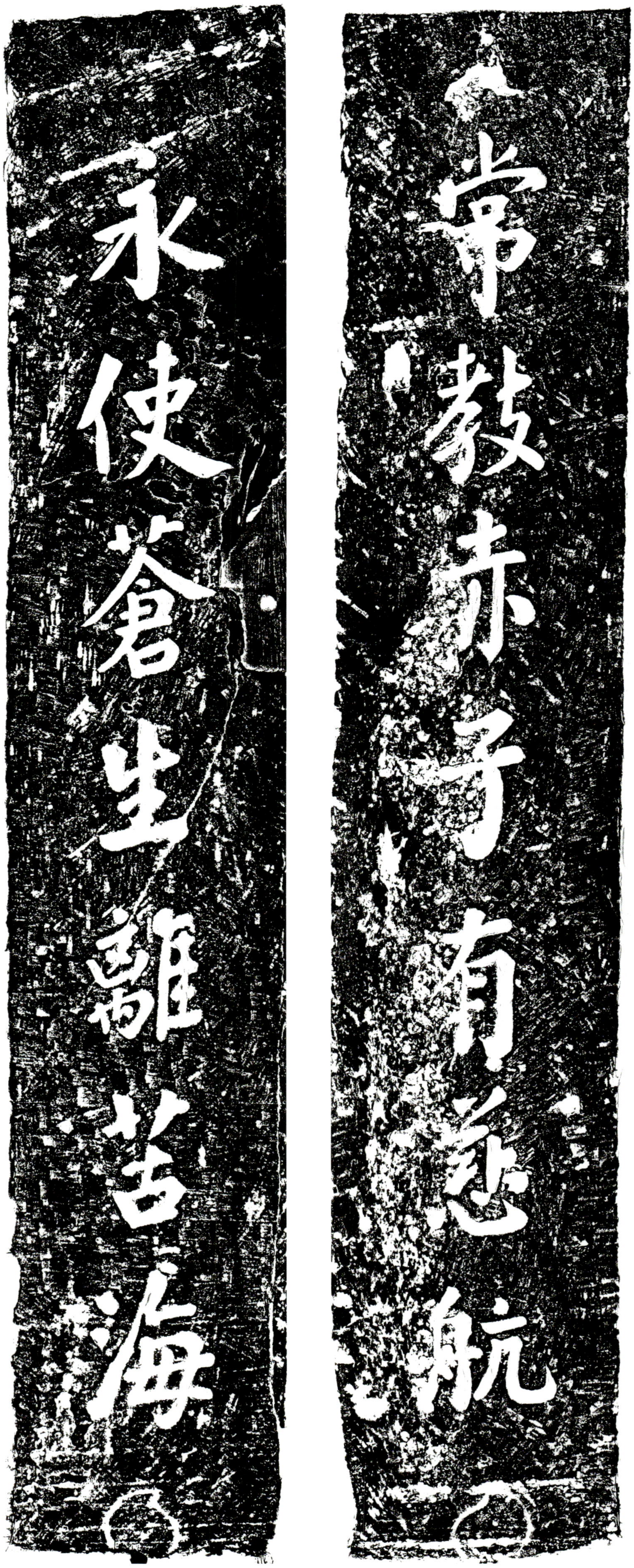

图版 122　一碗水观音龛龛沿楹联

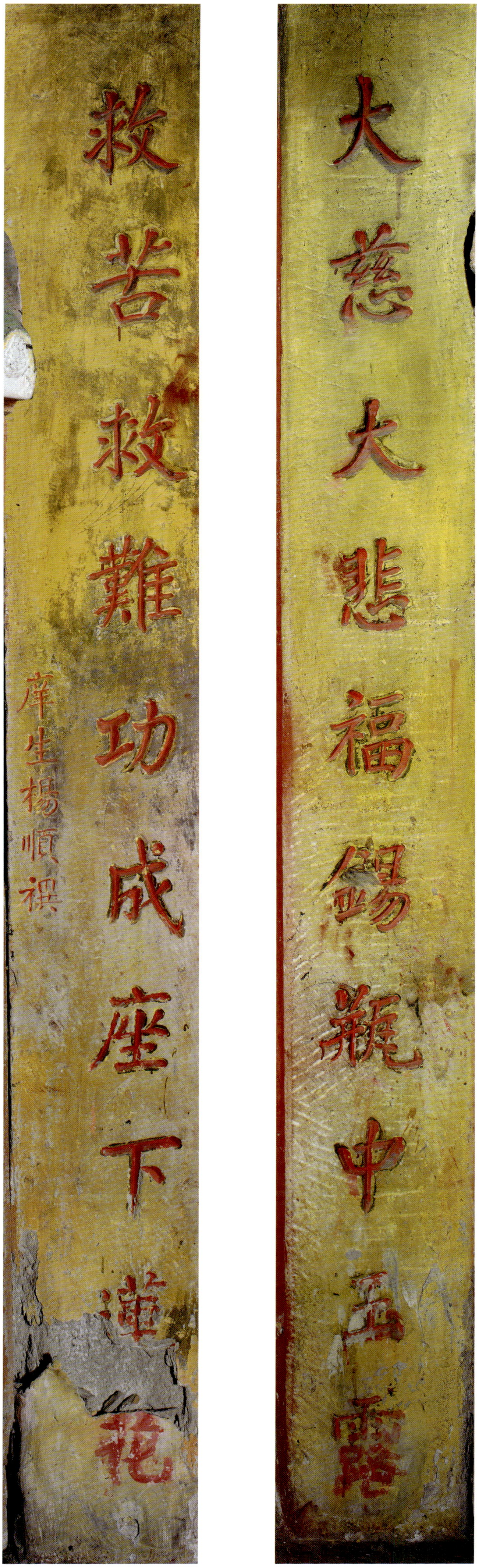

图版 123　一碗水观音阁牌坊明间柱楹联

图版 123　一碗水观音阁牌坊明间柱楹联

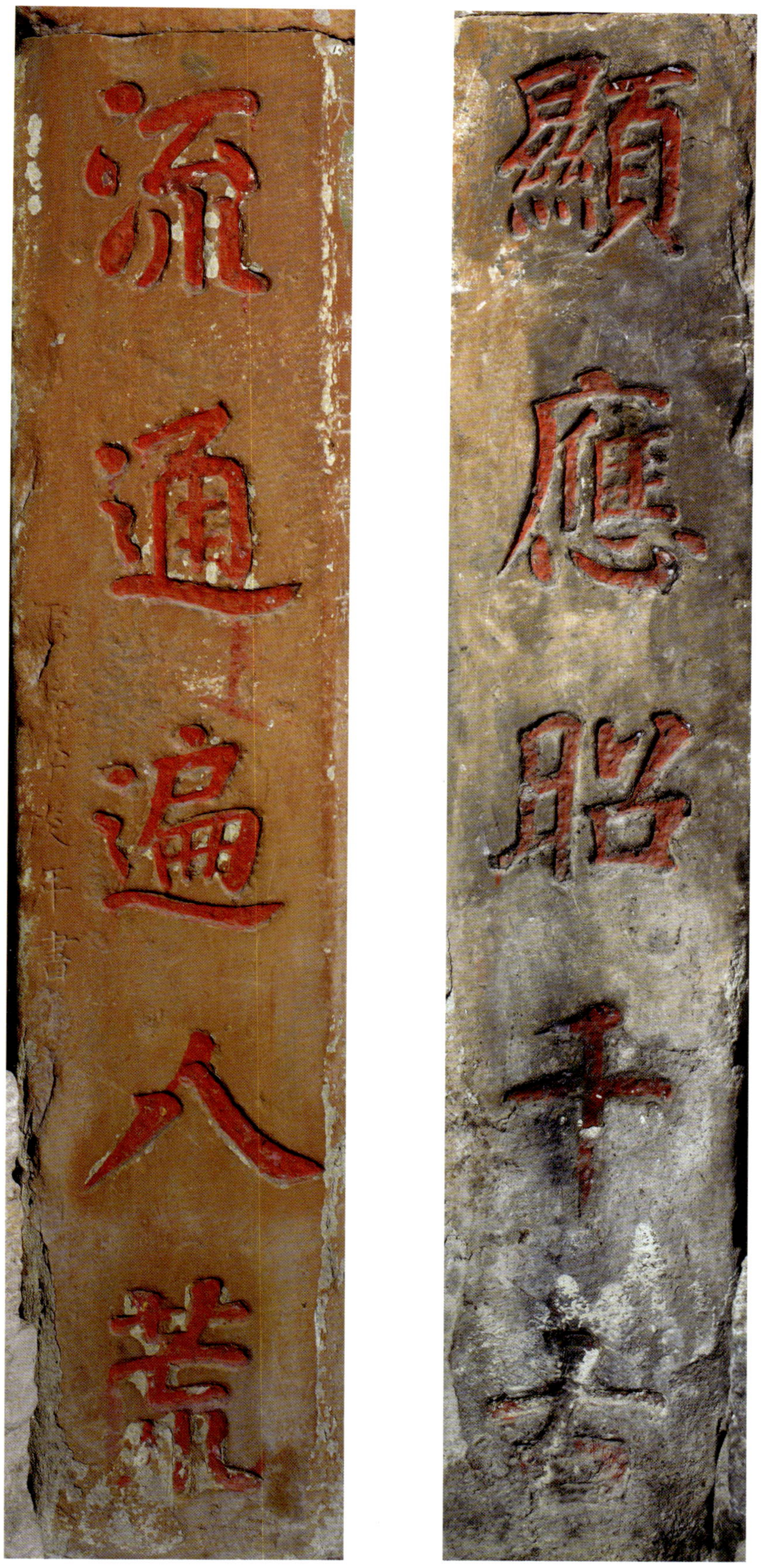

图版 124　一碗水观音阁牌坊次间柱楹联

图版 124　一碗水观音阁牌坊次间柱楹联

图版 125　一碗水观音阁牌坊次间碑刻

重修觀音閣序
蓋聞觀音大士建修歷年久遠而今佛
甚亦以我同人焉各有重修之

图版 125　一碗水观音阁牌坊次间碑刻

01
02
03

01
02
03
04

图版126　北塔坡“海棠香国”题刻

01
02
03

01
02
03
04

图版126　北塔坡“海棠香国”题刻

图版 127　北塔坡上方清墓墓塔第三级塔身南面题刻

图版 127　北塔坡上方清墓墓塔第三级塔身南面题刻（2014 年拓）

图版 128　北塔坡上方清墓墓塔第三级塔身西南面铭文

图版 128　北塔坡上方清墓墓塔第三级塔身西南面铭文（2014 年拓）

图版 129　北塔坡上方清墓墓塔第三级塔身西北面铭文

图书在版编目（CIP）数据

北山多宝塔考古报告．下册 / 黎方银主编；大足石刻研究院编．
—重庆：重庆出版社，2018.3
（大足石刻全集．第四卷）
ISBN 978-7-229-12697-1

Ⅰ．①北… Ⅱ．①黎… ②大… Ⅲ．①大足石窟－考古发掘－发掘报告
Ⅳ．①K879.275

中国版本图书馆CIP数据核字(2017)第228209号

北山多宝塔考古报告　下册
BEISHAN DUOBAOTA KAOGU BAOGAO XIACE
黎方银 主编　　大足石刻研究院 编

总 策 划：郭　宜　黎方银
责任编辑：邱振邦　吴芝宇
美术编辑：郑文武　吴芝宇　周　瑜　吕文成　王　远
责任校对：刘　艳
装帧设计：胡靳一　郑文武
排　　版：何　璐　黄　淦

重庆出版集团
重庆出版社　出版

重庆市南岸区南滨路162号1幢　邮政编码：400061　http://www.cqph.com
重庆新金雅迪艺术印刷有限公司印制
重庆出版集团图书发行有限公司发行
E-MAIL:fxchu@cqph.com　邮购电话：023-61520646
全国新华书店经销

开本：889mm×1194mm　1/8　印张：56.5
2018年3月第1版　2018年3月第1次印刷
ISBN 978-7-229-12697-1
定价：2000.00元

如有印装质量问题，请向本集团图书发行有限公司调换：023-61520678